Leo Joseph

EXTRA!

méthode de français

Fabienne Gallon

Français langue étrangère
www.hachettefle.fr

	UNITÉ 0	**UNITÉ 1** MA FAMILLE ET MES COPAINS	**UNITÉ 2** MON TEMPS LIBRE
COMMUNICATIF	Reconnaître le français parmi d'autres langues Être conscient(e) de ses connaissances préalables Épeler Compter de 1 à 20 Communiquer en classe Exprimer la date Saluer	Se présenter (nom, prénom, âge, nationalité) Décrire et présenter d'autres personnes Demander des informations personnelles Parler de sa famille Exprimer la possession	Faire, accepter et refuser une proposition Exprimer ses goûts Parler de son temps libre Exprimer son mécontentement, son enthousiasme Interroger quelqu'un sur ses goûts, ses activités de loisirs Nier quelque chose
GRAMMATICAL	Épeler L'article indéfini (un, une, des) Le pluriel des noms Le présentatif (c'est / ce sont)	Féminin et masculin de quelques nationalités La conjugaison des verbes *être, avoir, aller* (sing.) La conjugaison des verbes *habiter, s'appeler* (sing.) Les adjectifs possessifs (un possesseur) Les articles définis et indéfinis Les adjectifs qualificatifs (genre et nombre)	On L'interrogation par l'intonation et avec *est-ce que* Ne / n'+ verbe + pas Les verbes en -er (sing.) Il / Elle / Ils / Elles Le verbe *faire* (sing.) L'article partitif : *faire du, de la, de l'* Le pluriel des noms Oui / Si
LEXICAL	L'alphabet Les nombres Le matériel scolaire La date : jours et mois	Les nationalités La famille Les nombres de 20 à 59 Quelques professions La description physique et du caractère	L'expression du mécontentement, de l'enthousiasme Les activités de loisirs L'expression du goût (*aimer, détester, adorer...*) Les sports Les expressions pour accepter et refuser
PHONÉTIQUE	L'intonation du mot (accent sur la dernière syllabe)	Les lettres qui ne se prononcent pas : les consonnes finales et le « e » muet	Les couples de voyelles [ø], [œ] et [ɛ]
CULTUREL		La famille Les copains	Les loisirs
PROJET		Un jeu de société	
CHANSON		Désir, désir (Laurent Voulzy)	
THÈMES TRANSVERSAUX	**Éducation pour la paix :** - intérêt vis à vis d'autres cultures - curiosité et respect d'autres formes de vie **Convivialité :** - salutations - formules de politesse - entraide au sein de la classe - rapports entre élèves et professeurs **Interculturel :** - mots internationaux	**L'Europe :** - symboles de différents pays - culture générale - célébrités mondiales **Convivialité :** - la famille - rapports entre élèves et professeurs : dialogue, humour **Égalité des sexes :** - hommes et femmes dans le monde du travail	**Éducation pour la paix :** - situations de conflit et de tolérance - la famille **Égalité des sexes :** - rejet de tout préjugé sexiste - coopération dans les tâches ménagères **Santé :** - loisirs, temps libre, sports et vie saine **Interculturel :** - personnages francophones

ISBN : 978-2-01-155231-0
© HACHETTE LIVRE, 2002, 43 quai de Grenelle, F 75 905 Paris Cedex 15.
© Ediciones SM, Madrid, 2002.
Tous les droits de traduction, de reproduction et d'adaptation réservés pour tous pays.

Le code de la propriété intellectuelle n'autorisant, aux termes des articles L.122-4 et L.122-5, d'une part, que " les copies ou reproductions strictement réservées à l'usage privé du copiste et non destinées à une utilisation collective " et, d'autre part, que " les analyses et les courtes citations " dans un but d'exemple et d'illustration, " toute représentation ou reproduction intégrale ou partielle, faite sans le consentement de l'auteur ou de ses ayants droit ou ayants cause, est illicite ".
Cette représentation ou reproduction, par quelque procédé que ce soit, sans autorisation de l'éditeur ou du Centre français de l'exploitation du droit de copie (20, rue des Grands-Augustins, 75006 Paris), constituerait donc une contrefaçon sanctionnée par les articles 425 et suivants du Code pénal.

Unité 3 Ma journée	**Unité 4** Ma ville	**Unité 5** C'est du passé !	**Unité 6** Les vacances
Demander et donner l'heure Parler de ses activités quotidiennes Exprimer un fait présent et insister sur la durée d'un fait en cours de réalisation Interroger quelqu'un sur ses habitudes, ses activités quotidiennes Parler de ses horaires	Décrire ton quartier, ta ville / localiser un lieu Demander / indiquer un itinéraire Tutoyer, vouvoyer Donner un ordre, une indication Exprimer l'obligation Demander quelque chose poliment	Communiquer au téléphone Raconter des faits passés Décrire sa journée, son week-end Raconter une anecdote	Localiser des faits dans le temps et dans l'espace Parler de ses projets d'avenir Parler de ses activités de vacances Demander / donner une information (sur la date, la durée, le lieu…) Comprendre et donner des informations sur la météo
Les verbes *être*, *avoir* (plur.) Les verbes en -er (plur.) Les verbes pronominaux *Être en train de*	Prépositions de lieu Les article contracté *au, à la, à l'* et *du, de la, de l'* L'impératif Tu / Vous Les verbes *pouvoir* et *vouloir* Il faut	Le passé composé avec *avoir* Les participes passés en é Quelques participes passés irréguliers Le passé composé négatif Les adjectifs possessifs (plusieurs possesseurs)	Le futur proche Le genre des noms de pays Les prépositions avec les noms de pays Les mots interrogatifs
Les moments de la journée Les verbes des repas Les activités quotidiennes L'expression de l'heure Les horaires et les matières du collège Quelques professions Les nombres de 60 à 100 Les sensations physiques (*avoir faim, avoir chaud*…) Pourquoi / Parce que	La description de la ville, du quartier Les lieux de la ville et les magasins Il y a Les actions relatives au lieu de la ville (*acheter, voir, prendre*…) Les verbes d'orientation	La communication au téléphone Les actions relatives aux loisirs (*visiter*…) Les actions du week-end Les articulateurs du discours	L'expression de la date et de la durée Les activités de vacances Les noms de pays La météo
[b], [p], [v] et [f]	[y], [u] et [i]	[ʒ], [ʃ], [ʒə] et [ʒɛ]	Les voyelles nasales
La journée La semaine	La ville Jeux	Le week-end	Les vacances
Une page Web du collège sur Internet		Une affiche sur les fêtes et traditions	
Bulle de savon (Michel Polnareff)		Aline (Christophe)	
Convivialité : - la famille, le respect des habitudes familiales - l'humour - relations parents-enfants, professeurs-élèves **Éducation pour la paix :** - respect d'autres formes de vie **Santé :** - vie saine et alimentation équilibrée - hygiène	**Convivialité :** - les formules de politesse - coopération et entraide entre élèves, avec le professeur, avec des inconnus… **Interculture :** - le temps libre des Français - les villes françaises	**Interculture :** - les loisirs des Français - le week-end des Français **Convivialité :** - entraide au sein de la famille **Santé :** - temps libre, vie saine et air libre	**Convivialité :** - famille - respect des autres, des inégalités des chances dans la vie (vacances, classes sociales…) - coopération, entraide, conseils **Interculture :** - les destinations de vacances - visites culturelles - les dates des vacances et de quelques événements marquant la vie en France **Santé :** - vacances, air libre, vie saine

Tous nos remerciements à Cynthia Donson pour la rédaction des BD et de l'exploitation des chansons, à Patrick Guédon pour La vie en France et à Claude Godard-Prigent pour les Évaluations.

UNITÉ 0
TU RECONNAIS LE FRANÇAIS ?

1. Écoute les dialogues. Lequel est en français ?

2. Observe ces couvertures de la bande dessinée d'Astérix. Laquelle est en français ?

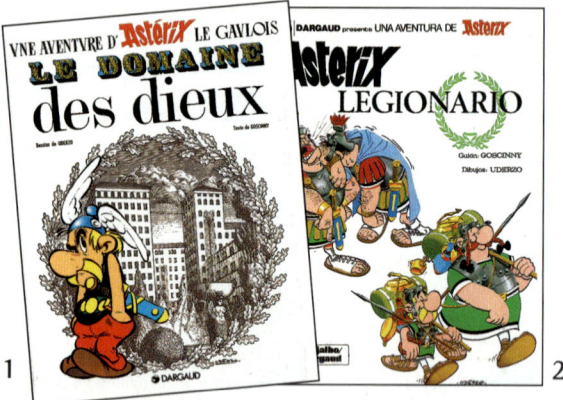
1   2

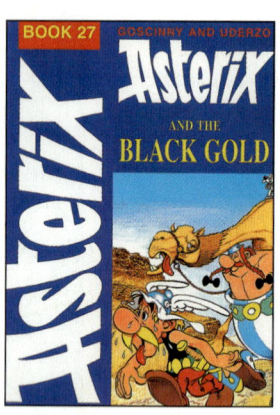
3

4

3. a. Observe ces mots français. Tu les comprends ? Écoute et répète.

un taxi	un métro	un bus
un professeur	une classe	une bibliothèque
un sandwich	un hamburger	une crêpe

b. Avec ton/ta camarade, faites une liste d'autres mots français que vous connaissez.

LES SALUTATIONS

4. a. Écoute et trouve le dessin correspondant.

a.
- Bonjour !
- Bonjour, Monsieur !
- Bonjour !

b.
- Salut ! Ça va ?
- Bonjour ! Oui, et toi ?

c.
- Bon, au revoir et à jeudi !
- Au revoir, Madame !
- Au revoir !

d.
- Au revoir !
- Salut ! À demain !

b. Écoute les quatre dialogues et répète-les avec ton/ta camarade.

UNITÉ 0

L'ALPHABET

5 Écoute et chante.

a b c d e f g h i j k l m
n o p q r s t u v w x y z

Loto

6 a. Reproduis cette grille et écris des lettres.

b. Écoute ton professeur et coche les lettres de ta grille.
Le premier de la classe qui a coché toutes ses lettres a gagné !

c. Jouez en équipe.

LES NOMBRES

7 Écoute et chante.

1 : un	**6** : six	**11** : onze	**16** : seize
2 : deux	**7** : sept	**12** : douze	**17** : dix-sept
3 : trois	**8** : huit	**13** : treize	**18** : dix-huit
4 : quatre	**9** : neuf	**14** : quatorze	**19** : dix-neuf
5 : cinq	**10** : dix	**15** : quinze	**20** : vingt

8 Cherche les nombres !
Copie ces deux tableaux dans ton cahier. Dans le premier écris les nombres suivants : 1, 5, 6, 12, 14, 15, 18. (Ne montre pas ton tableau à ton/ta camarade). Maintenant, joue avec ton/ta camarade pour trouver ses nombres.

1. Moi

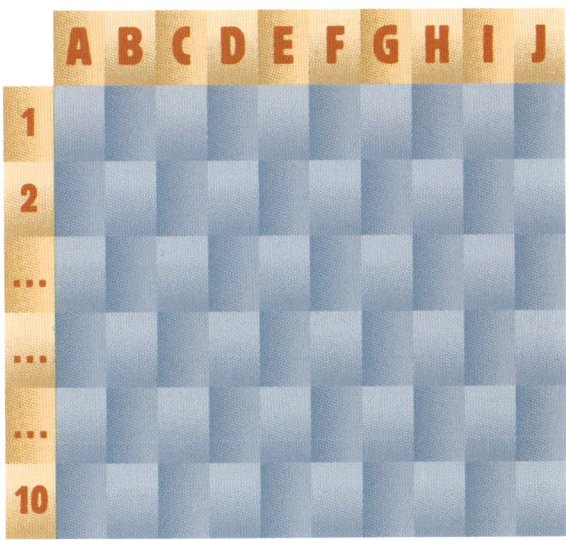

2. Mon/ma camarade

UNITÉ 0

LE MATÉRIEL SCOLAIRE

9 a. Associe les mots aux objets.
1. Une gomme → B
2. Une règle
3. Un cahier
4. Un stylo
5. Un bâton de colle
6. Un livre
7. Un crayon
8. Une feuille
9. Une trousse
10. Un classeur

b. Écoute et répète.

c. Écoute à nouveau et observe la différence entre « un » (masculin) et « une » (féminin).

d. Ferme ton livre, écoute et dis si c'est masculin ou féminin.

10 Dis le nom des objets que tu reconnais.

Singulier   C'est une gomme.
Pluriel   Ce sont des crayons.

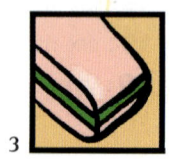

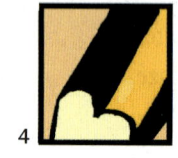

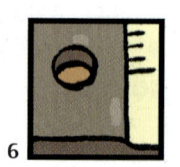

11 Jouez au « cartable sans fond ».

Élève 1 : *Dans mon cartable, j'ai un livre.*
Élève 2 : *Dans mon cartable, j'ai un livre et une gomme.*
Élève 3 : *Dans mon cartable, j'ai un livre, une gomme et des crayons.*
…

QUELLE EST LA DATE AUJOURD'HUI ?

12 a. Écoute et chante.

Les jours de la semaine	Les mois de l'année	
lundi	janvier	juillet
mardi	février	août
mercredi	mars	septembre
jeudi	avril	octobre
vendredi	mai	novembre
samedi	juin	décembre
dimanche		

b. Quelle est la date d'aujourd'hui ?

UNITÉ 1

Ma famille et mes copains

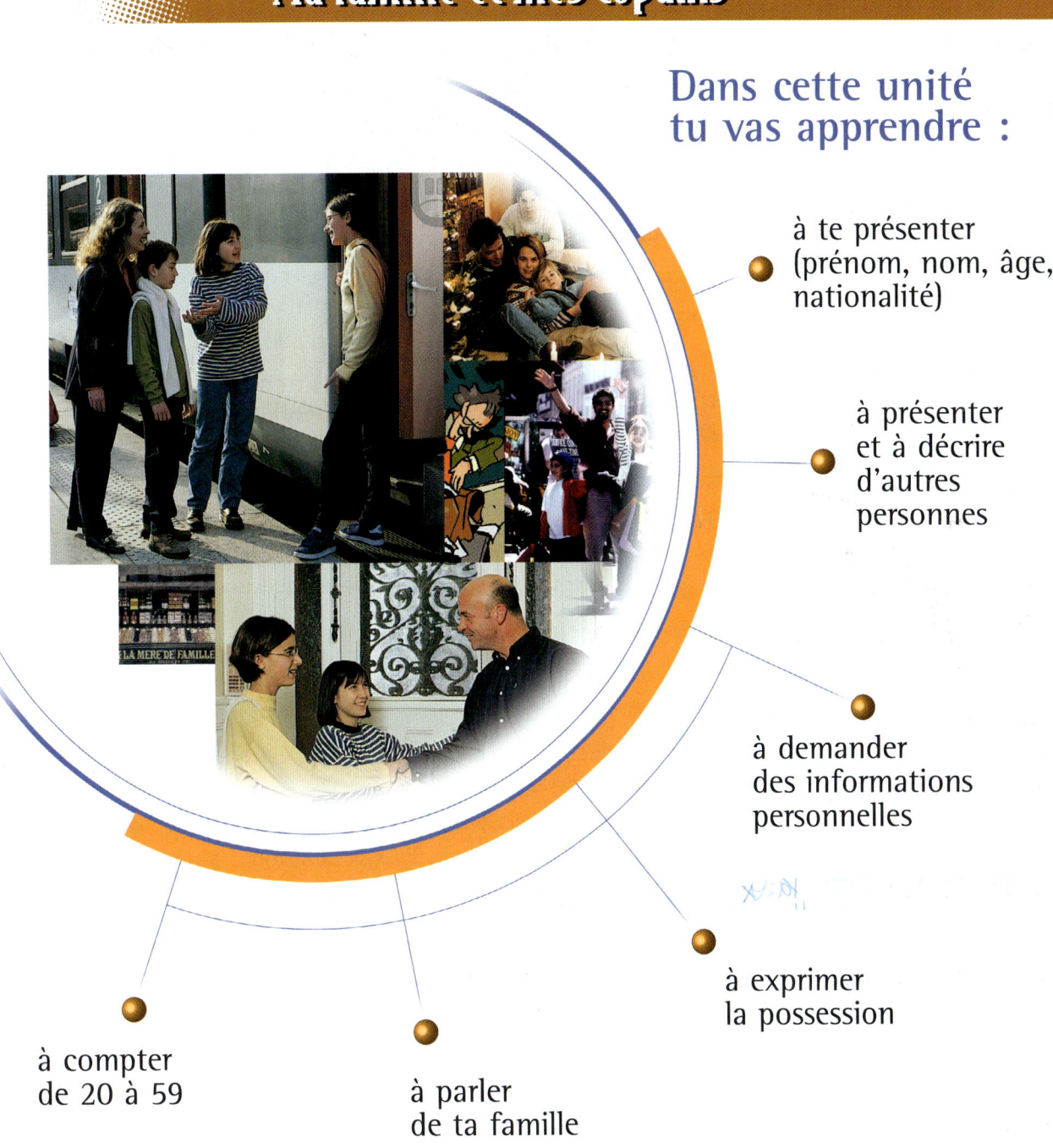

Dans cette unité tu vas apprendre :

- à te présenter (prénom, nom, âge, nationalité)
- à présenter et à décrire d'autres personnes
- à demander des informations personnelles
- à exprimer la possession
- à parler de ta famille
- à compter de 20 à 59

UNITÉ 1
DÉCOUVRE L'HISTOIRE
La famille Rocher
Christina part en France

Dans le train · À la gare de Montpellier

1 Avant l'écoute
a. Associe les lieux aux dessins :

a   b   c   d

1. la maison c
2. le train   a
3. la gare   d
4. la chambre b

b. Dans quel ordre apparaissent ces lieux dans l'histoire ?
(Observe les photos).

2 Observe les photos et réponds aux questions :
1. Où est Christina sur la photo 1 ?
2. Elle va où ?

3 Après l'écoute
Écoute. Vrai ou faux ? Rétablis la vérité.
1. Christina est dans l'avion. faux
Faux. Christina est dans le train.
2. Christina habite à Bruges. ✓ vrai
3. Christina est belge. ✓ vrai
4. Christina va à Poitiers. F montpellier
5. L'amie de Christina s'appelle Chloé. ✓
6. La mère s'appelle Jeannette. ✓ Annette

4 Les expressions
Donne l'équivalent de ces expressions dans ta langue :
1. Tiens !   3. Et voilà…
2. Moi aussi !   4. J'aime bien !

5 a. Associe les questions aux réponses :
a. Quel âge tu as ?   1. Je suis belge.
b. Comment tu t'appelles ?   2. J'habite à Bruges.
c. Quelle est ta nationalité ?3. J'ai 13 ans.
d. Où tu habites ?   4. Je m'appelle Christina.

 b. Écoute et vérifie tes réponses.

c. Pose ces questions à ton/ta camarade. Il/elle répond.

Christina part en France

Dans le train
PASSAGÈRE. – Salut.
CHRISTINA. – Hein ? Ah ! Salut. Tu es française ?
PASSAGÈRE. – Oui et toi ?
CHRISTINA. – Non. Je suis belge.
PASSAGÈRE. – Et tu vas où ? À Marseille ?
CHRISTINA. – Non, je vais à Montpellier.

À la gare de Montpellier
CHLOÉ. – Salut.
CHRISTINA. – Salut.
LA MÈRE. – Bonjour. Je m'appelle Annette. Je suis la mère de Chloé.
CHLOÉ. – Et voilà Paul, mon frère. Il a 11 ans.
CHRISTINA. – Bonjour Madame. Salut Paul.

À la maison
CHLOÉ. – Papa, je te présente Christina. Christina, mon père.
LE PÈRE. – Enchanté et bienvenue, Christina.
CHRISTINA. – Enchantée.
CHLOÉ. – Voici ta chambre.
CHRISTINA. – Elle est…
CHLOÉ. – Elle est jolie ?
CHRISTINA. – Oui, elle est très jolie. J'aime bien !

UNITÉ 1

DÉCOUVRE L'HISTOIRE

À la maison

6 En tandem
Cartes d'identité

Élève A : observe la page 91.
Élève B : observe la page 94.

7 Les nationalités

a. Écoute et dis si c'est masculin ou féminin ou si on ne sait pas.

b. Observe les nationalités. Qu'est-ce que tu remarques sur la formation du féminin ?

français / française   espagnol / espagnole
japonais / japonaise   belge / belge
brésilien / brésilienne

c. Complète les phrases en ajoutant les nationalités.

1. Il est de Bruxelles. Il est ... *belge*
2. Elle est de Tokyo. Elle est ... *japonais*
3. Il est de Lyon. Il est ... *français*
4. Elle est de Rio de Janeiro. Elle est ... *brésilienne*
5. Il est de Madrid. Il est ... *espagnole*
6. Elle est de Nantes. Elle est ... *français*

d. Fais d'autres phrases.
Ton/ta camarade dit la nationalité.

Il est de ... Elle est de ...

Le singulier des verbes

HABITER   **AVOIR**
J'habite   J'ai
Tu habites   Tu as
Il / Elle habite   Il / Elle a

ÊTRE   **ALLER**
Je suis   Je vais
Tu es   Tu vas
Il / Elle est   Il / Elle va

UNITÉ 1
ENTRAÎNE-TOI

1. Qui est-ce ?

a. Observe la famille de Céline.

b. Avec ton/ta camarade, complète les phrases :

1. *Le père* s'appelle Antoine.
2. *Son frère* s'appelle Clément.
3. *Sa mère* s'appelle Monique.
4. *Les enfants* s'appellent Céline, Émilie et Clément.
5. *Ses parents* s'appellent Antoine et Monique.
6. *Ses grands-parents* s'appellent Jules et Jeanne.

c. Lis les phrases et devine le sens des mots soulignés.

1. Émilie est <u>la sœur</u> de Céline.
2. Clément est <u>le frère</u> d'Émilie.
3. Monique est <u>la femme</u> d'Antoine.
4. Jules est <u>le mari</u> de Jeanne.
5. Coralie est <u>la cousine</u> de Céline.
6. Pierre est <u>le cousin</u> d'Émilie.

2. a. Écoute et observe la famille de Christina. Réponds aux questions.

1. Comment s'appelle son père ?
2. Comment s'appelle sa mère ?
3. Elle a combien de frère(s) et de sœur(s) ?

b. Maintenant parle de ta famille.

« Ma mère s'appelle ... et mon père s'appelle ... . J'ai .... frère(s)/sœur(s). Mon frère a ... ans. Il s'appelle ... . »

Observe :

Nom masculin	Nom féminin	Nom pluriel
mon père	**ma** mère	**mes** parents
ton père	**ta** mère	**tes** parents
son père	**sa** mère	**ses** parents

UNITÉ 1
ENTRAINE-TOI

3 Les nombres

a. Écoute et répète.

20 : vingt
21 : vingt et un
22 : vingt-deux
23 : vingt-trois
24 : vingt-quatre
25 : vingt-cinq
26 : vingt-six
27 : vingt-sept
28 : vingt-huit
29 : vingt-neuf
30 : trente …
40 : quarante …
50 : cinquante …

b. Observe et complète la liste.

30 : trente
31 : trente et un …
40 : quarante …
50 : cinquante …

c. Écoute et écris les nombres en chiffres.

4 Qui est-ce ?

a. Écoute les présentations.
C'est Christina, Chloé, Annette, Alain ou Paul ?

b. Et tes parents ? Ils ont quel âge ?

5 Il/Elle fait quoi ?

a. Associe les professions aux dessins.

A.

B.

C.

D.

E.

1. écrivain/écrivain
2. acteur/actrice
3. chanteur/chanteuse
4. sportif/sportive
5. avocat/avocate

b. Présente un personnage connu. La classe devine qui c'est.

Elle est chanteuse. Elle est québécoise. Elle a 33 ans. Elle a un fils.

UNITÉ 1
ENTRAÎNE-TOI

6 Il est comment ?
Observe.

La taille

Il est petit.
(Elle est petite.)

Il est grand.
(Elle est grande.)

Elle est mince.
(Il est mince.)

Il est gros.
(Elle est grosse.)

Le caractère

Elle est sympa.   Elle est antipathique.

Les yeux

Il/Elle a les yeux bleus.   Il/Elle a les yeux verts.   Il/Elle a les yeux marron.

Les cheveux

Il est brun.
(Elle est brune.)

Elle a les cheveux frisés.

Elle a les cheveux raides.

Il est blond.
(Elle est blonde.)

Il est roux.
(Elle est rousse.)

Elle a les cheveux courts.

Elle a les cheveux longs.

7 a. Écoute la description de Chloé et observe sa photo.

Elle est petite.
Elle est mince.
Elle est brune.
Elle a les cheveux courts et raides.
Elle a les yeux verts.
Elle est sympa.

b. Écoute les portraits. Dessine-les dans ton cahier et compare avec ton/ta camarade.

c. Présente un/e camarade de ta classe. La classe devine qui c'est.
Il/Elle est …   Il/Elle a …

8 Présente-toi par écrit. Donne ton texte à ton professeur et il te donnera celui d'un autre élève. Devine qui c'est !

9 En tandem
Qui est-ce ?
Élève A : observe la page 91.
Élève B : observe la page 94.

10 La chanson des prénoms
a. Écoute et chante.

Sarah, elle est sympa et elle adore le chocolat.
Rémy, il est petit et il habite à Paris.
Clément, il est grand et il parle allemand.
Prune, elle est brune et elle est toujours dans la lune.
Gaston, il est blond et il habite à Lyon.

b. Maintenant, avec ton/ta camarade, créez votre propre chanson des prénoms.
Prénoms : Elsa, Judith, Hugo, Jean-Loup…
Caractéristiques : roux, petite, sympa, gros…
Autres mots : frites, au Pérou, un vélo, Costa Rica…

UNITÉ 1

DÉCOUVRE LA GRAMMAIRE

La conjugaison et la prononciation des verbes

1 a. Écoute ces verbes. Quelles sont les formes verbales qui ont la même prononciation ?

J'habite	J'ai	Je suis
Tu habites	Tu as	Tu es
Il habite	Il a	Il est
Elle habite	Elle a	Elle est

b. Recopie ces verbes dans ton cahier. Barre les consonnes finales qui ne se prononcent pas.

2 Pourquoi *je, tu, il, elle* sont nécessaires en français ?

3 Place les pronoms *je, tu, il, elle*.

... s'appelle Sophie.   ... t'appelles Adeline.
... m'appelle Laurent.   ... s'appelle Pierre.

4 Observe les verbes *s'appeler* et *habiter*.
Quelles sont les lettres finales du verbe *parler* ?

Je parl ...   Il parl ...
Tu parl ...   Elle parl ...

Les articles

5 Complète les tableaux.

Les articles indéfinis

	Masculin	Féminin
Singulier	.... livre	.... règle
Pluriel	Des livres / des règles	

Les articles définis

	Masculin	Féminin
Singulier	... chanteur / ... acteur	... chanteuse / ... actrice
Pluriel	Les chanteurs / les chanteuses	

6 Complète avec un article défini ou un article indéfini, selon le cas.

1. J'ai ... frère de 10 ans et ... sœur de 15 ans.
2. ... secrétaire de ... directrice s'appelle mademoiselle Priam.
3. ... chanteuses de ce groupe sont ... jeunes filles de 13 ans !
4. Lætitia Casta, c'est ... actrice principale du film *Astérix et Obélix*.

7 Écoute et dis si c'est masculin ou féminin.

Les adjectifs possessifs

8 Complète le tableau.

	Masculin	Pluriel	Féminin
je	Mon	....	....
tu	....	Tes	....
il/elle	....	....	Sa

9 Complète le dialogue.

« Qu'est-ce qu'il fait le père de ta copine ?
– ... père ? Il est médecin. Et ... mère est professeur.
– Et toi, ... père, il travaille où ?
– ... père, il est vendeur, comme ... mère ! Dans le même magasin !
– ... parents aussi travaillent dans le même bureau : ... mère est le chef de ... père ! »

Le genre des adjectifs

10 Écoute le masculin et le féminin. Lève la main si tu entends une différence de prononciation.

11 Complète ces descriptions.

Ma grand-mère a 88 ans. Et elle est très ... (petit) : elle mesure 1 m 50. Ma sœur, mais si, tu la connais : elle est ... (roux) et ... (frisé) comme un mouton. Ma mère, c'est elle, là ! La femme ... (grand) et ... (mince). Non, pas la ... (brun), la ... (blond) !

UNITÉ 1
Monsieur Catastrophe
La conférence

UNITÉ 1

TU AS BIEN COMPRIS ?

1 Observe les images
a. Où est monsieur Catastrophe ?
b. Il trouve quels objets dans sa malette ?

2 Cache la BD
a. Écoute une première fois. Vrai ou faux ?
1. Le père de monsieur Catastrophe s'appelle Charles.
2. La mère de monsieur Catastrophe s'appelle Marie.
3. La mère de monsieur Catastrophe a vingt ans.

b. Écoute à nouveau. Réponds aux questions.
1. Où habite monsieur Catastrophe ?
2. Qu'est-ce qui a vingt ans ?

3 Lis la BD et vérifie tes réponses

JOUONS AVEC LES SONS

1 Écoute la chanson.

2 Comment ça se prononce ?
Les lettres qui ne se prononcent pas : les consonnes finales et le « e » muet.

a. Écoute et barre les consonnes finales qui ne se prononcent pas.
1. Daniel est de Paris. Son père est boulanger.
2. Il habite boulevard Hector Malot, au numéro neuf, dans un bel appartement.
3. Il a beaucoup d'amis.
4. Le soir après les cours, il aime jouer au football et regarder des matchs à la télé.

b. Écoute la prononciation du « r » final. Quand est-ce qu'il ne se prononce pas ?

c. Écoute et répète sans prononcer les « e » muets.
1. C'est une bonne idée !
2. On aime la musique classique mais aussi la musique moderne.
3. Elle est triste parce qu'elle a un problème.
4. Tu m'accompagnes chez le médecin samedi ?

d. Vrai ou faux ?
1. Un « e » muet est un e sans accent.
2. Le « e » muet est toujours à la fin d'un mot.
3. Le « e » final muet ne se prononce pas.

e. Écris des phrases contenant des « e » muets et fais-les prononcer à ton/ta camarade. Corrige sa prononciation.

3 Chante la chanson.

Les vacances, pour nous, c'est les copains,
la liberté, la piscine, le repos et le soleil !
Le sport, pour nous, c'est le basket, la danse,
la natation, le tennis et le vélo.
Le matériel scolaire, pour nous, c'est les cahiers,
les classeurs, les livres et les stylos.
Les pays francophones, pour nous, c'est
la Belgique, la France, le Québec et la Suisse.
Les loisirs, pour nous, c'est le cinéma,
l'ordinateur, les sports, les livres et la télé.
La famille, pour nous, c'est les cousins, les
enfants, les grands-parents, la mère et le père.

UNITÉ 1
LA VIE EN FRANCE

LA FAMILLE

EN FRANCE...
- 87 % des jeunes disent que la famille c'est le plus important dans la vie.
- 4 repas sur 5 sont pris à la maison, en famille.
- 28 % des familles ont un chien ou un chat.
- 87 % des photos sont des photos de famille.

1 Observe les photos et lis les textes. Ensuite, dessine ta famille et écris un petit texte pour la présenter.
Montre ton dessin à la classe.

2 Parle de ta vie de famille :
a. Où est-ce que tu habites ? Avec qui ?
b. Est-ce que tu as une chambre pour toi tout(e) seul(e) ?
c. Combien de frères et de sœurs tu as ?
d. Où habitent tes grands-parents ?

3 Et pour toi, qu'est-ce que c'est la famille ?

La famille, c'est les parents, les enfants, les grands-parents, les amis (des enfants, des parents), le chat, le chien...

PHOTOS DE FAMILLES

Pierre et Anne Dupond sont divorcés. Mathilde et Lucas vivent chez leur maman et vont chez leur papa le week-end.
« Ce n'est pas facile d'avoir des parents divorcés et en plus je change de maison le week-end... »
Mathilde, 11 ans.

Paul Legrand et Valérie Petit ont deux enfants : Mathieu et Sandra Legrand-Petit.
« Nos parents ne sont pas mariés mais ils vivent ensemble depuis quinze ans. Ils disent que c'est pareil, mais je ne suis pas d'accord ! »
Sandra, 11 ans.

Christian Giraud a deux enfants : Vincent et Léa Giraud. Il vit avec Isabelle Leroy et ensemble ils ont eu un garçon, Gaspard Giraud-Leroy.
« J'ai un frère, un demi-frère et une belle-mère. En plus, je vois ma mère quand je veux. C'est génial parce qu'on est tous amis... »
Léa, 11 ans.

Monsieur et madame Delarue et leurs deux enfants Éric et Capucine.
« Mes parents sont mariés depuis douze ans. J'ai douze ans et mon frère a seize ans. »
Capucine.

UNITÉ 1
LA VIE EN FRANCE

LES COPAINS

JEU

Léa veut inviter son copain Antoine à sa boum, samedi après-midi, mais qui est Antoine ?

1. Antoine n'a pas de casquette.
2. Antoine n'a pas les cheveux blonds.
3. Antoine a les yeux verts.
4. Antoine n'a pas de lunettes.

 A.  B.  C.

 D.  E.  F.

MES COPAINS

« Cette année, je pars en vacances avec mes parents, ma sœur et mes copains, Loïc et Manuel. »
Benjamin, 13 ans.

« Avec mes copains, on joue au foot, on va au cinéma, on est comme des frères. »
Cédric, 13 ans.

« Sans ma meilleure amie, je ne peux pas vivre : on se dit tout, tout ce qu'on vit, tout ce qu'on a dans la tête, les garçons, les autres filles, l'école… Tout. »
Lydia, 12 ans.

« Des amis, on n'en a pas beaucoup dans la vie. On peut leur dire nos secrets. »
Anne, 14 ans.

« Un ami, c'est celui qui comprend pourquoi j'aime le milk-shake à la fraise sans les fraises dedans. »
Charlie Brown, l'ami de Snoopy.

❶ **Quand tu as un problème, tu en parles en premier à un copain (une copine), à ton frère (ta sœur), à ton père ou à ta mère ?**

❷ **Est-ce que tu vas à des boums ? Est-ce que tu fais des fêtes d'anniversaire avec tes copains (copines) ?**

DEVINETTE

C'est la sœur de mon oncle mais ce n'est pas ma tante : qui est-ce ?

Ma mère.

UNITÉ 1
BILAN

Maintenant tu peux...

1 ... te présenter.

Dis :
1. comment tu t'appelles ;
2. ton âge ;
3. la ville où tu habites ;
4. ta nationalité ;
5. comment tu es physiquement.

- les verbes *s'appeler*, *avoir*, *être*, *habiter* à la 1ère personne
- les nombres de 1 à 15
- la nationalité (féminin / masculin)
- la description physique

2 ... demander à quelqu'un de se présenter.

Trouve la question à partir de la réponse :
1. .... ? Je m'appelle Audrey Dupuis.
2. .... ? J'habite à Paris.
3. .... ? J'ai 12 ans.
4. .... ? Je suis anglais.
5. .... ? Je suis petite et brune.

- les mots interrogatifs
- les verbes *s'appeler*, *avoir*, *être*, *habiter* à la 2ème personne

3 ... présenter quelqu'un et le décrire.

Complète avec le féminin ou le masculin :
1. Il est français / elle est ....
2. Il est ...... / elle est espagnole.
3. Il est secrétaire / elle est ....
4. Il est ...... / elle est avocate.
5. Il est gros / elle est ....
6. Il est ...... / elle est mince.

Complète avec les contraires :
1. Il a les cheveux frisés, mais elle a les cheveux ....
2. Elle a les cheveux longs mais il a les cheveux ....
3. Il est gros mais elle est ....
4. Il est petit mais elle est ....
5. Il est sympathique mais elle est ....

Trouve des éléments de description pour chacune de ces personnes :

Donne le nom, le prénom, l'âge, la ville, la nationalité, la profession d'un personnage connu, et fais sa description physique.

- les verbes *s'appeler*, *avoir*, *être*, *habiter* à la 3ème personne
- les nationalités (masculin / féminin)
- les professions (masculin / féminin)
- les adjectifs qualificatifs (masculin / féminin ; singulier / pluriel)

4 ... parler de ta famille.

Thierry présente sa famille. Complète les phrases :
1. Mon père est médecin.
2. Ma mère est secrétaire.
3. J'ai un frère. Il s'appelle Pierre.
4. J'ai une sœur. Elle s'appelle Anne.
5. Pierre a 12 ans et Anne a 14 ans.

Dis :
1. les prénoms des membres de ta famille ;
2. le nombre de frères et sœurs ;
3. la profession de ton père, de ta mère ;
4. l'âge des membres de ta famille.

- les adjectifs possessifs *mon*, *ma*, *mes*
- les verbes *s'appeler*, *être*, à la 3ème personne
- le verbe *avoir* à la 1ère et à la 3ème personne
- le vocabulaire de la famille
- les professions (féminin / masculin)
- les nombres

Les mots

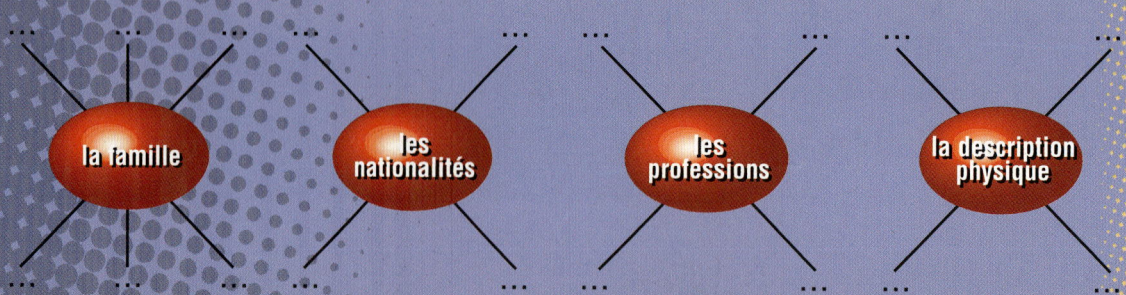

UNITÉ 2

Mon temps libre

Dans cette unité tu vas apprendre :

- à parler de tes goûts et de tes loisirs
- à parler des sports que tu pratiques
- à faire une proposition, à accepter ou à refuser une proposition
- à exprimer ton enthousiasme, ton mécontentement
- à demander quelque chose, à poser une question
- à nier quelque chose

UNITÉ 2
DÉCOUVRE L'HISTOIRE
J'adore la musique !
On écoute de la musique ?

Dans la chambre de Chloé

1 Avant l'écoute
Observe les photos et lis les bulles.
Associe les mots :

1. un jeu vidéo   a. la télé
2. un CD   b. la console
3. des dessins animés   c. le baladeur

2 Après l'écoute
Écoute. Vrai ou faux ?
Rétablis la vérité.

1. Chloé n'aime pas le CD de Florent Pagny. faux
Faux. Chloé aime le CD de Florent Pagny.
2. Chloé n'a pas de baladeur. faux. Chloé a de un baladeur
3. Christina aime les clips vidéo. Vrai
4. La console de jeux vidéo est à Chloé. faux. La console de vidéo est à Paul le so frere
5. C'est l'heure de dîner. Vrai

3 Les expressions
a. Donne l'équivalent de ces expressions dans ta langue :

1. Fais voir !   4. Super !
2. Bien sûr !   5. Désolé(e) !
3. Quelle galère !   6. Ça ne fait rien !

b. Quelles expressions expriment le mécontentement ? Et l'enthousiasme ?

c. Maintenant réagis avec une des expressions de l'exercice a.

1. Tu as encore cinq interrogations cette semaine : « ... ! »
2. Tu ne peux pas aider ta copine pour son devoir : « ... ! »
3. Tu as une bonne note en maths : « ... ! »

On écoute de la musique ?

Dans la chambre de Chloé

CHLOÉ. – On écoute de la musique ? Tiens, tu aimes ça ?
CHRISTINA. – Fais voir ! Qu'est-ce que c'est ? C'est bien ?
CHLOÉ. – C'est un CD de Florent Pagny. Moi, j'aime bien !
CHRISTINA. – Est-ce que tu as un baladeur ?
CHLOÉ. – Bien sûr ! Oh ! il ne marche pas ! Quelle galère ! On regarde la télé ?
CHRISTINA. – Oui, pourquoi pas ! Qu'est-ce qu'il y a ?
CHLOÉ. – Des clips vidéo. Ça te dit ?
CHRISTINA. – Oh ! super !

Dans le salon

CHLOÉ. – Paul, on regarde les clips vidéo ?
PAUL. – Ah non ! Je regarde les dessins animés !
CHLOÉ. – Oh ! tu n'es pas sympa ! Peuh ! Qu'est-ce qu'on fait ? On joue avec la console vidéo ? J'ai *Tomb Raider* IV !
CHRISTINA. – Oh ! oui, j'aime bien Lara Croft !
PAUL. – Non, il n'en est pas question, c'est ma console ! Et c'est mon *Tomb Raider* !
CHLOÉ. – Peuh ! J'en ai marre !... Il m'énerve avec ses dessins animés, sa console et ses jeux vidéo !
CHRISTINA. – Et un tour à vélo, est-ce que c'est possible ?
CHLOÉ. – D'accord ! Bonne idée !

Dans la cuisine

LE PÈRE – Chloé, Christina, Paul ! C'est l'heure de dîner ! À table !
CHLOÉ. – Oh ! c'est pas vrai ! (*À Christina.*) Désolée !
CHRISTINA. – Ça ne fait rien !

UNITÉ 2

DÉCOUVRE L'HISTOIRE

À la porte du salon   Dans la cuisine

④ C'est une proposition ?

a. Écoute et coche.

	Proposition	Affirmation
1. On écoute de la musique	☐	☑
2. On regarde la télé	☑	☐
3. On joue avec la console	☑	☐
4. Un tour à vélo, c'est possible	☐	☑
5. On mange	☐	☑

Observe :

Le sujet « on » équivaut à la première personne du pluriel (« nous »), mais il est toujours singulier :
On écoute de la musique. = Nous écoutons de la musique.
Il est surtout utilisé dans la langue parlée.

b. Donne l'équivalent de « on » dans ta langue.

c. Écoute les propositions et accepte ou refuse avec une des expressions suivantes :

a. Pourquoi pas !
b. Oh ! super !
c. Bien sûr !
d. D'accord !
e. Bonne idée !
f. Ah ! non !
g. Non, merci !
h. Non, je n'ai pas envie !
i. Non, il n'en est pas question !

1. On regarde la télé ? B
2. On fait les exercices ? E
3. On écoute de la musique ? A
4. On mange des épinards ? I
5. On danse ? F
6. On joue avec la console ? C

d. Fais des propositions à un/une camarade. Il/Elle accepte ou refuse.

UNITÉ 2
ENTRAÎNE-TOI

1 J'adore !

a. Remets les appréciations dans l'ordre :

J'aime bien !   Je n'aime pas !
J'aime beaucoup ! J'adore !
Je déteste !   Je n'aime pas beaucoup !

J'adore ! > ... > ... > ... > ... > Je déteste !

b. Qu'est-ce que tu penses des choses suivantes ?

les vacances

les jeux vidéo

les maths

la sieste

le français

les livres qui font peur

les hamburgers

le foot

Observe :
Le pluriel des noms
La marque du pluriel est normalement
le « s » final :
un livre → des livre**s**
le roman → les roman**s**
une chanson → des chanson**s**
la chanteuse → les chanteuse**s**
(Certains noms ont un « x » comme marque
du pluriel : un jeu → des jeu**x**.)

2 a. Écoute et observe le tableau.

Observe :
La forme interrogative
Tu aimes Florent Pagny ?
Est-ce que tu aimes Florent Pagny ?
Tu aimes les clips vidéo ?
Est-ce que tu aimes les clips vidéo ?
Tu aimes les dessins animés ?
Est-ce que tu aimes les dessins animés ?

Attention ! Il existe une troisième forme
d'interrogation, surtout utilisée à l'écrit :
Aimes-tu les vacances ?
As-tu un CD de Florent Pagny ?

b. Pose des questions à ton/ta camarade d'après la liste de l'exercice 1.b. Vous avez les mêmes goûts ?

Observe :
« Tu aimes les vacances ? / Est-ce que tu aimes les vacances ?
– **Oui**, j'adore les vacances !
– **Non**, je **n**'aime **pas** les vacances ! »

« Tu **n**'aimes **pas** les clips vidéo ?
– **Non**, je n'aime pas les clips vidéo !
– **Si**, j'adore les clips vidéo ! »

c. Maintenant, avec ton/ta camarade, présentez vos goûts au reste de la classe.
On aime ... . On n'aime pas ... . On déteste ... .

3 J'aime un peu, beaucoup...

a. Observe les phrases suivantes et retrouve les questions.

→ Est-ce que tu aimes les maths ?
Non, je suis nul en calcul !

1. Oui, j'adore les romans d'aventures !
2. Non, je déteste l'avion !
3. Non, je n'aime pas.
4. Si, mais je n'aime pas les films d'horreur.
5. Non, je n'aime pas les insectes !
6. Oui, j'aime beaucoup les chats et les chevaux.

b. Maintenant, avec ton/ta camarade, posez-vous ces questions et répondez.
Est-ce que tu aimes les maths ?
Oui, j'adore... Non, je n'aime pas...

UNITÉ 2

ENTRAÎNE-TOI

4 Activités de loisirs

a. Associe les mots :

1. Regarder e
2. Sortir... d
3. Écouter a
4. Lire... b
5. Surfer f
6. Jouer c

a. ...de la musique.
b. ...des livres.
c. ...avec la console vidéo.
d. ...avec les copains.
e. ...la télé.
f. ...sur Internet.

b. Écoute ces quatre jeunes parler de leurs goûts. Qui aime faire les activités suivantes ? Coche.

Qui aime...	Amandine	Victor	Stéphanie	Gaël	Personne
...regarder la télé ?	☐	☑	☑	☐	☐
...sortir avec ses copains ?	☐	☐	☑	☑	☑
...écouter de la musique ?	☐	☑	☐	☐	☐
...pratiquer un sport ?	☐	☐	☐	☑	☐
...lire ?	☑	☐	☐	☐	☐

c. Écoute à nouveau et dis qui utilise chacune des expressions suivantes : Amandine, Victor, Stéphanie, Gaël, ou personne ?

C'est super ! personne
C'est génial ! Stéphanie
C'est nul ! Amandine
Ce n'est pas marrant ! Victor
C'est intéressant ! personne

d. Écoute une troisième fois et cherche quel/quelle camarade :

1. surfe sur Internet le week-end ;
2. adore le foot ;
3. écoute du rock ;
4. regarde la télé le soir ;
5. déteste les romans de science-fiction ;
6. joue aux jeux vidéo ;
7. adore les dessins animés ;
8. aime sortir avec ses amis le week-end.

Ton/ta camarade te répond en utilisant une des expressions de l'exercice 4c.
Toi. – Est-ce que tu surfes sur Internet le week-end ?
Il/Elle. – Oui, c'est génial. / Non, c'est nul !

5 Qu'est-ce qu'ils aiment ?

Observe :

Il aime / Ils aiment
Il n'aime pas / Ils n'aiment pas
Elle adore / Elles adorent
Elle déteste / Elles détestent
Est-ce qu'il y a une différence de prononciation ?

a. Écoute. Dis si on parle d'une personne, de plusieurs personnes ou si on ne sait pas.

b. Présente les goûts de ces personnes.

UNITÉ 2
ENTRAINE-TOI

6 Quel sport est-ce que tu fais ?

a. Associe les photos aux sports.

1. le tennis c
2. l'équitation b
3. le vélo g
4. le basket a
5. l'athlétisme f
6. le volley d
7. la natation e

a

b

c

d

e

f

g

b. Associe les questions aux réponses.

1. Mais tu fais du basket, non ?
2. Tu as un VTT ?
3. Tu aimes le saut en hauteur ?
4. Tu nages très bien le crawl !
5. Tu préfères le foot ou le tennis ?

a. J'aime bien les deux, mais je fais du foot, je préfère les sports d'équipe !
b. C'est normal, je fais de la natation dans un club !
c. Bien sûr, je fais de l'athlétisme !
d. Oui, je fais du vélo à la campagne tous les dimanches.
e. Non, je n'aime pas les sports de contact : je fais du volley.

c. Écoute et complète le texte.

Moi, j'adore le sport. J'aime spécialement la natation et le basket mais je les aime tous. Je suis une grande sportive. Chaque jour je fais un sport différent : le lundi, je fais du ..., le mardi, je fais de la ..., le mercredi, je fais du ..., le jeudi, je fais de l' ..., le vendredi, je fais de l' ..., le samedi, je fais de la ... et le dimanche je fais du ... .

d. Et toi ? Tu fais du foot ? du basket ? du volley ? de la marche ?...

Observe :

Faire
Je fais	Il/Elle fait
Tu fais	On fait

Observe :

Masculin	Féminin
Faire du/de l'	de la/de l'

7 Qu'est-ce que tu sais faire ?

a. Associe les dessins aux phrases.

1. Johan sait jouer d'un instrument de musique.
2. Magali sait faire du vélo.
3. Romain sait nager.
4. Anne-Sophie sait monter à cheval.
5. Karima sait jouer à tous les jeux de sa Game boy.
6. Louis sait jouer au volley.

a b c

d

e

f

b. Parle de ton temps libre. Dis ce que tu sais faire ou ce que tu ne sais pas faire.

Je sais... Je ne sais pas...

Jouer au volley	Jouer aux cartes
Faire de l'escalade	Nager
Surfer sur Internet	Jouer d'un instrument de musique
Jouer avec la console	Faire du vélo
Danser	Cuisiner...

Observe :

Jouer **au** volley.
Jouer **à la** pétanque.
Jouer **aux** cartes.

8 En tandem
Loisirs

Élève A : Observe la page 92.
Élève B : Observe la page 95.

UNITÉ 2

DÉCOUVRE LA GRAMMAIRE

La conjugaison

1 Retrouve les terminaisons des verbes en « -er » :
Je joue. Il joue. On joue.
Tu joues. Elle joue.

2 Complète les dialogues avec *je*, *tu*, *il* et *elle*.
a. « Qu'est-ce qu' tu fait ?
– Elle est chanteuse de rock. »
b. « Tu es le frère de Chloé ?
– Non, ... suis son cousin. »
c. « ... va au ciné cet après-midi ?
– Non, ... fait la rédaction pour demain. »
d. « ... as 11 ans ?
– Non, ... ai 12 ans. »
e. « Qu'est-ce que ... fais ?
– ... vais à la bibliothèque. »
f. « ... viens à la piscine avec nous ?
– Non, ... ne sais pas nager ! »

L'interrogation avec « est-ce que »

3 Modifie les phrases de la manière suivante :
Tu fais du sport ? *Est-ce que tu fais du sport ?*
1. Tu aimes le foot ? ...
2. Tu écoutes de la musique ? ...
3. Tu regardes souvent des films ? ...
4. Tu aimes lire ? ...

4 Trouve les questions correspondantes avec « est-ce que ».
1. Non, je n'aime pas regarder la télé.
2. Oui ! Je fais du basket et du volley.
3. Non, c'est un CD de Céline Dion !
4. Oui, mais il ne marche pas.
5. Oui, il y a des dessins animés.

La négation

5 🎧 Écoute les phrases et lève la main si tu entends la négation.

6 Complète le tableau.

... + consonne + pas	... + voyelle ou « h » + pas
Je ... regarde pas la télé	Il ... aime pas ce CD.
On ... joue pas à la console	Elle ... habite pas au n° 5.

7 🎧 Écoute et réponds comme dans l'exemple.
Ton baladeur, il marche ? → *Non, il ne marche pas !*

8 Comme deux gouttes d'eau ?
Pierre et Paul se ressemblent mais ils ont des goûts très différents. Complète la bulle de Paul.

MOI, JE SUIS TRÈS ACTIF : ALORS PENDANT LE WEEK-END, JE SORS AVEC MES COPAINS, JE JOUE AU VOLLEY, JE VAIS DANSER, JE CUISINE, J'AIDE MES PARENTS...

MOI, JE SUIS TRÈS PARESSEUX : ALORS PENDANT LE WEEK-END, JE NE ... , ...

Pierre   Paul

Faire du / de la

9 a. Recopie et complète le tableau.

	Masculin	Féminin
Singulier	de + le = ...	...
	de l'	...

b. Complète les phrases.
Attention aux différents types d'articles !
1. Qu'est-ce que tu fais comme sport ? Je fais ... escalade, ... rafting et ... randonnée.
2. Moi ? Si je fais ... foot ? Non ! Je déteste ... foot. Je préfère ... rugby ! Et je fais aussi ... athlétisme et ... natation. Ce sont ... sports très complets.

UNITÉ 2
Monsieur Catastrophe
Le club d'amis

UNITÉ 2

TU AS BIEN COMPRIS ?

1 Observe les images.
 a. Qui est triste ? Patrick le chat ou monsieur Catastrophe ?
 b. Où va monsieur Catastrophe ?

2 Cache la BD.
  a. Écoute une première fois.
 Vrai ou faux ?
   1. Monsieur Catastrophe cherche des amis pour son voisin.
   2. Patrick aime la chasse.
   3. Au début, la femme du club d'amis sait que Patrick est un chat.

  b. Écoute à nouveau.
 Réponds aux questions.
   1. Qu'est-ce que Patrick déteste manger?
   2. Et qu'est-ce qu'il aime?
   3. Quel âge a Patrick?

3 Lis la BD et vérifie tes réponses.

JOUONS AVEC LES SONS

1 Écoute la chanson.

2 Comment ça se prononce ?
Les couples de voyelles [œ] et [ø] et [e] et [ɛ]

  a. Écoute et souligne ce que tu entends.

[œ] et [ø]	[e] et [ɛ]
1. C'est l'**heure** !	C'est l'**air** !
2. Il a **deux** élèves.	Il y a **des** élèves.
3. C'est le **seul**.	C'est le **sel**.
4. Il ne **peut** pas.	Il ne **paie** pas.
5. C'est du **bleu**.	C'est du **blé**.
6. Il y a **deux** livres.	Il la **délivre**.

  b. Écoute et place les mots dans la bonne colonne du tableau.
Bonjour ! Au secours ! J'aime, un peu, beaucoup… ! Bonsoir ! Quelle histoire ! Fais voir ! C'est beau !

3 Chante la chanson.

Négociations !

Demain, au secours, j'ai huit heures de cours !
Le collège, j'aime ! Mais toute la semaine … !
Toute la journée, il faut bosser !
Ma tête est pleine, j'ai la migraine !

– J'ai un nouveau jeu, je vais jouer un peu !
– Non, pas ce soir, tu as tes devoirs !
– Mais pas beaucoup ! Un exo, c'est tout !
– Je ne veux rien savoir : pas d'histoires !

– Maman, s'il te plaît, après le dîner ?
– Couche-toi de bonne heure, pas plus d'une heure !
Chic c'est gagné, je vais pouvoir jouer !
Pas compliqué, avec ma mère, faut négocier !

[e] / [ɛ]	[o] / [ɔ]	[œ] / [ø]	[u]	[wa]
ai	au	eu	ou	oi
ei	eau			
…	beaucoup	…	beaucoup	…

UNITÉ 2
LA VIE EN FRANCE

LES LOISIRS

Les jeunes et la lecture

En France, les jeunes lisent plus que les adultes !

Enquête sur la lecture dans un collège de Châtillon-sur-Seine près de Dijon

Au collège, les élèves aiment les livres qui font peur, les contes, les récits d'aventures et les romans policiers, « mais ce qu'ils préfèrent ce sont les BD comme Titeuf, Cédric ou Spirou », dit le documentaliste.

Aude
« En ce moment, je lis une aventure d'Harry Potter. Moi, j'aime bien qu'un roman me fasse peur. »

Mélanie
« J'aime la science-fiction. Maintenant, j'ai envie de découvrir les romans de Jules Verne. »

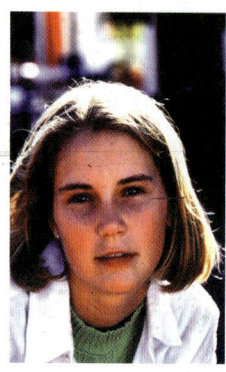

Ornella
« Je dévore les magazines consacrés aux chevaux. Le plus souvent, c'est ma mère qui me les achète. »

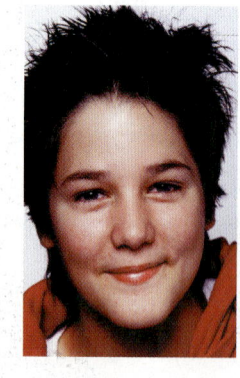

Romain
« Je m'inspire des BD que je lis pour en créer moi-même. Mon héros est un policier [...]. Dans la classe, tout le monde aime mes dessins et mes histoires. »

❶ Lis les textes. Vrai ou faux ?
a. Aude lit beaucoup de magazines. *faux*
b. Les adultes lisent plus que les jeunes.
c. Mélanie a déjà lu des livres de Jules Verne. *faux*
d. Romain aime les bandes dessinées. *faux*
e. Ce que les jeunes préfèrent, ce sont les livres qui font peur. *Vrai*

❷ Toi et la lecture :
a. Et toi, est-ce que tu aimes lire ? Qu'est-ce que tu lis ?
b. Quel est le titre du dernier livre que tu as aimé ?
c. Tu vas à la bibliothèque de ton école ? de ton quartier ?
d. Est-ce que tu connais des écrivains français ? Lesquels ?

Des loisirs solidaires

Tu veux avoir une nouvelle expérience enrichissante ?
Viens nous voir au **club Hopitaclown** !
On est un groupe de trois filles et deux garçons et tous les samedis après-midi, on va visiter des hôpitaux où des enfants sont hospitalisés.
On répète nos numéros le mercredi de 17 heures à 19 heures, dans la salle polyvalente.
On t'attend !

❸ Tu as compris ?
a. Qui écrit cette annonce ? Pour qui ? Pour quoi ?
b. Tu connais des personnes qui font ce genre d'activités ? Et toi, est-ce que ça te plairait ?

UNITÉ 2
LA VIE EN FRANCE

Internet
Test

1 **Tu utilises Internet...**
a. jamais.
b. parfois.
c. souvent.

2 **Tu penses qu'Internet est utile ?**
a. Oui.
b. Non.
c. Ça dépend.

3 **À ton avis, on utilise Internet pour...**
a. jouer.
b. travailler, faire ses devoirs.
c. lire les nouvelles.
d. se faire des amis, communiquer avec d'autres personnes.
e. écouter des chansons.
f. regarder la télé.
g. consulter des encyclopédies.
h. « visiter » des musées.
...

La musique
Lis ces opinions de jeunes sur la musique classique.

Caroline, 14 ans
« J'aime beaucoup MC Solaar, mais j'apprécie aussi la musique classique. Quand je vais à l'opéra ou au concert, je suis un peu triste de voir qu'il y a peu de jeunes. »

Chloé, 12 ans
« À petite doses, la musique ça va. Mais au bout d'un moment, ça fatigue. Moi, par exemple, j'écoute beaucoup de techno. Mais je reconnais que le soir, pour m'endormir, j'aime bien mettre un peu de classique. »

Mathieu, 14 ans.
« La musique classique, je trouve que c'est un peu démodé. Moi, je préfère écouter un peu de techno, un peu de rap, un peu de pop...»

4 **Et toi, tu aimes la musique classique ? Et tes copains ?**

BLAGUES

Nicolas donne son bulletin de notes à son père qui le lit et dit :
— À ton âge, Napoléon était le premier de sa classe !
— Et au tien, il était Empereur !

Un homme va au théâtre et demande deux places.
La femme du guichet : « C'est pour Roméo et Juliette ?
— Ben non ! C'est pour ma femme et moi !!! »

Caroline

Chloé

Mathieu

UNITÉ 2
BILAN
Maintenant tu peux...

① ... faire une proposition.

a. Observe les dessins. Fais des propositions.

1

2

3

4

5

b. Tu es chez toi avec un ami. Propose trois activités différentes.

- on + verbe + activité
- intonation de la proposition
- interrogation avec « est-ce que »

② ... accepter ou refuser une proposition.

a. Réponds en acceptant.
1. On regarde la télé ?
2. On écoute un disque ?
3. On joue avec la console vidéo ?

b. Réponds en refusant.
1. On fait les devoirs maintenant ?
2. On regarde un film d'horreur ?
3. On fait un tour à vélo ?

- expressions pour accepter
- expressions pour refuser
- oui, si, non
- la négation

③ ... parler de tes goûts, de tes loisirs.

a. Trouve trois activités que tu aimes faire pendant la semaine et pendant le week-end.
b. Trouve trois activités que tu n'aimes pas faire.
c. Dis les sports que tu pratiques (Je fais/Je sais...) et les sports que tu aimes regarder à la télé.

- verbes pour exprimer les goûts
- verbes pour exprimer les loisirs
- faire + articles
- savoir + infinitif
- adjectifs possessifs
- la négation

④ ... poser des questions à un(e) ami(e) sur ses goûts, ses loisirs.

a. Pose des questions à ton/ta camarade sur ses goûts.
b. Pose des questions à ton/ta camarade sur ses loisirs.

- interrogation avec « est-ce que »
- vocabulaire des activités et des loisirs
- adjectifs possessifs

⑤ ... parler des goûts de quelqu'un.

a. Explique les goûts des jeunes de ton pays.
b. Explique les goûts de ton/ta camarade.

- il/ils/elle/elles + verbes pour exprimer les goûts
- la négation
- vocabulaire des activités et des loisirs
- adjectifs possessifs

Les mots

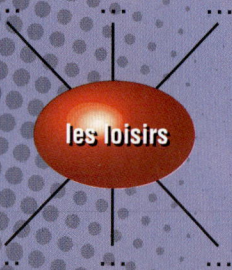
les loisirs

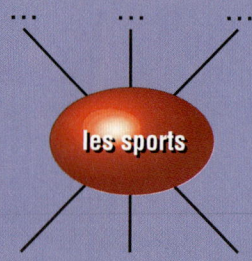
les sports

CHANSON

Désir, désir

Mais toutes les chansons
Racontent la même _____
Il y a toujours un garçon
Et une fille au désespoir
Elle l'appelle
Et il ne l'entend pas
Il ne voit qu'elle
Mais elle ne le voit pas

On en a fait des films
Et des tragédies _____
De cette situation
Des rocks et du spleen

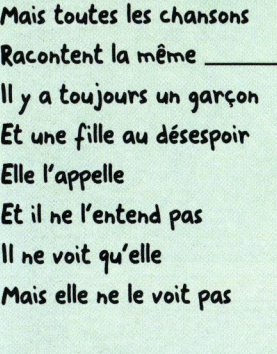

Mélodie qu'on entend _____
Oh I need you Baby
I need you Baby
Baby yes I do (bis)

C'est toujours, toujours qui rime avec
Cette chose-là il faut que tu devines
Mon premier c'est désir
Mon deuxième du plaisir
Mon troisième c'est souffrir ouh ouh
Et mon tout fait des _____

Elles s'en collent des peintures
Du crayon sur la figure
Ils se mettent des petites _____
Pour se donner des allures

On veut plaire
On veut des _____
Puis un jour c'est la _____
Ce jeu-là rend fou
Y'a du danger des victimes
Un assassin assassine
L'assassin il faut que tu devines
Son premier c'est désir
Son deuxième du _____
Son troisième c'est souffrir ouh ouh
Et son tout fait des souvenirs

C'est du vague à l'âme teenager
Ou bien des nuits d'plaisir à mourir
Pendu à l'hameçon de l'âme sœur
C'est toujours pousser des soupirs

Mais toutes les chansons racontent la même histoire
Cette histoire il faut que tu devines
Mon premier c'est désir
Mon deuxième du plaisir
Mon troisième c'est souffrir, ouh ouh

Mon premier c'est désir
Mon deuxième du plaisir
Mon troisième c'est souffrir ouh ouh

Mon premier c'est désir
Mon deuxième du plaisir
Mon troisième c'est souffrir ouh ouh

Et mon tout fait des souvenirs ouh ouh...

Alain Souchon/Laurent Voulzy

Activités

1 Lis le titre de la chanson. Qu'est-ce que ça veut dire ?

2 Lis les mots suivants.
a. Tu sais ce qu'ils veulent dire ?
guerre - divines - partout - plaisir - boucles d'oreilles - histoire - souvenirs - rendez-vous

b. Avec ton/ta camarade, avant d'écouter la chanson, essaie de placer les mots.

c. Écoute la chanson et vérifie tes réponses.

3 Réponds aux questions.
a. D'après la chanson, que font les filles pour plaire aux garçons ? Et les garçons, qu'est-ce qu'ils font ?
b. Est-ce que tu es d'accord avec la chanson ? Est-ce que tu penses que c'est difficile que les filles et les garçons s'entendent ?

PROJET 1
JEU DE L'OIE

PROJET 1
JEU DE L'OIE

Imaginez un jeu de société où vous pouvez réutiliser le vocabulaire des unités 1 et 2.

Nous vous proposons comme modèle le jeu de l'oie, mais à vous de choisir le jeu que vous préférez.

Préparation

1. Sur une grande feuille de papier cartonnée, dessinez une grille avec des cases numérotées de 1 à 25 comme sur le modèle.

2. Placez les cases suivantes dans la grille et faites les dessins correspondants :

Case 1 : **Départ**.

Cases 4, 8 et 13 : **L'oie**. (Si tu tombes sur une oie, tu sautes à l'oie suivante et tu lances le dé une nouvelle fois.)

Cases 6 et 11 : **Le pont**. (Tu passes à la case suivante.)

Cases 7 et 12 : **Le puits**. (Tu attends qu'un autre joueur te libère : il reste à ta place et tu continues à jouer.)

Cases 14 et 20 : **La prison**. (Tu passes ton tour deux fois.)

Case 15 : **Les dés** (Tu lances le dé et tu avances.)

Case 17 : **Le labyrinthe**. (Tu retournes à la case 6.)

Case 22 : **La mort**. (Tu retournes à la case de départ.)

Case 25 : **L'arrivée**. C'est gagné ! (Mais tu dois tomber juste sur la case, sinon tu recules du nombre de points restants.)

Pour les onze cases restantes : choisissez des questions en relation avec le vocabulaire des présentations, de la famille, du matériel scolaire, des jours et des mois, des nationalités, de la description physique, des loisirs, des sports, les expressions du goût, les nombres.

Faites des dessins en relation avec les contenus précédents et associez les consignes aux cases numérotées :

Case 3 : Dis trois types d'activités que tu fais pendant ton temps libre.

Case 10 : Dis trois noms de sports individuels.

À vous !

1. Jouez individuellement ou par équipe. Lancez le dé. (Si une équipe ne répond pas correctement à la question : elle n'avance pas.)

2. La première équipe qui arrive à la case 25 gagne. L'équipe qui arrive la dernière a un gage ! (Choisissez le gage avant de commencer !)

ÉVALUATION 1

Vers le DELF A1...

PRODUCTION ORALE

1 Parle de toi. Choisis un sujet et réponds aux questions de ton professeur ou d'un(e) camarade.
1. Raconte ce que tu fais normalement pendant les vacances.
2. Présente les membres de ta famille.
3. Dis quelles sont tes occupations préférées.
4. Décris ton/ta meilleur(e) ami(e).

COMPRÉHENSION ORALE

2 Premier enregistrement

Chloé parle de ses amis. De qui s'agit-il ? Associe les phrases aux prénoms.
1. Il/Elle est petit(e) et a des lunettes.   a. Julien
2. C'est le/la meilleur(e) ami(e) de Chloé.   b. Marie-Christine
3. Il/Elle est blond(e) et a 14 ans.   c. Mathieu
4. Il/Elle a les yeux verts.   d. Philippe
5. Il/Elle n'est pas dans la classe de Chloé.   e. Christina

Deuxième enregistrement

Chloé et Christina parlent ensemble dans la chambre de Chloé. Choisis la/les bonne(s) réponse(s).
1. La situation se passe...   a. le matin   b. l'après-midi   c. le soir
2. Chloé aime bien...   a. Julien   b. Mathieu   c. Serge
3. Qui n'aime pas Mathieu ?   a. Chloé   b. Christina   c. Marie-Christine
4. Chloé et Christina aiment... a. la natation   b. jouer au basket   c. faire du vélo

COMPRÉHENSION ÉCRITE

3 Lis ce forum sur les passions et réponds aux questions.

Les goûts et les couleurs....

<Lise a écrit> Ma passion ce sont les voyages ! J'adore voyager, partir à l'étranger, loin de chez moi… Mais comme je n'ai pas d'argent pour l'instant, je m'achète des magazines sur les voyages !

<@nne a écrit> Tu as bien raison : ça ne coûte pas cher de voyager avec des livres et des magazines ! Moi aussi, je fais la même chose. À la télé aussi il y a des programmes superbes sur les voyages. Et on a l'impression de voyager sans sortir de la maison !

<CyberPierre a écrit> Vous oubliez Internet ! Il y a des sites web géniaux sur les voyages ! Et quand on surfe sur Internet, on peut choisir de voir des photos, des reportages, des vidéos de gens qui voyagent… C'est mieux que les magazines et la télé !

<Trekky a écrit> Je préfère vivre MES propres expériences (avec des copains ou ma famille) et pas celles d'autres personnes ! Et ce n'est pas la peine de voyager loin, à l'étranger… : il y a plein de choses à découvrir tout près de chez soi !

1. Est-ce que tous les participants de ce forum aiment les voyages ?
2. Qui achète des magazines sur les voyages ?
3. Comment Trekky préfère-t-il voyager : en compagnie d'autres personnes ou seul ?
4. Où CyberPierre peut-il voir des reportages sur les voyages ?
5. Qui pense qu'on peut faire de beaux voyages sans partir loin ?

PRODUCTION ÉCRITE

4 Tu écris ton premier mail à un(e) correspondant(e) francophone. Présente-toi (nom, âge, nationalité, ville où tu habites...), parle de toi (description physique, études, goûts et loisirs ...) et de ta famille.
(50 mots au minimum)

UNITÉ 3

Ma journée

Dans cette unité tu vas apprendre :

- à demander et à donner l'heure
- à parler de tes activités quotidiennes
- à exprimer une action en cours de réalisation
- à parler de tes horaires

UNITÉ 3
DÉCOUVRE L'HISTOIRE
Matin difficile !
Petit déjeuner en famille

Dans la chambre de Christina   Dans le couloir   Dans la cuisine

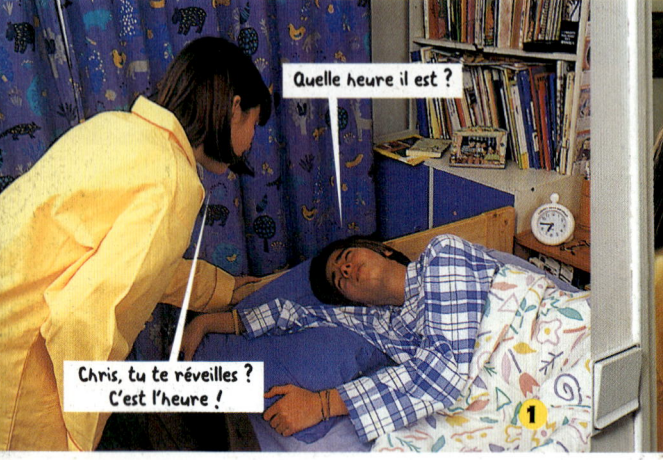

❶ Avant l'écoute
Observe les photos et réponds aux questions :
1. La scène se passe le matin, l'après-midi ou le soir ?
2. Qui réveille Christina ?
3. Christina se douche avant ou après le petit déjeuner ?
4. Christina, Chloé et Paul prennent tous un café au lait ?

❷ Après l'écoute
Écoute. Vrai ou faux ? Rétablis la vérité.
1. Quand Christina se réveille, elle est en pleine forme. *faux Christina est très fatiguée*
2. Après la douche, Chris est encore fatiguée. *faux Christina est pleine forme.*
3. Christina prend du chocolat le matin *faux*
4. On ne sait pas. *FAIL LOL!*

❸ Les expressions
Donne l'équivalent de ces expressions dans ta langue.
1. L'horreur !
2. Je suis crevée !
3. Ah bon ?
4. Hein ?
5. Tu piges ?

Petit déjeuner en famille

Dans la chambre de Christina
CHLOÉ. – Chris, Chris tu te réveilles ? C'est l'heure !
CHRISTINA. – Déjà ! Mais j'ai sommeil ! Quelle heure il est ?
CHLOÉ. – Sept heures moins le quart !
CHRISTINA. – Oh ! l'horreur !

Dans le couloir
CHLOÉ. – Chez toi, tu te lèves à quelle heure ?
CHRISTINA. – Normalement à sept heures, sept heures et demie. Et souvent je me couche plus tard ! Mais aujourd'hui, je ne sais pas pourquoi, je suis crevée !
CHLOÉ. – Bon, d'abord tu prends ta douche et après on prend le petit déjeuner, d'accord ?
CHRISTINA. – D'accord, à tout à l'heure !

Dans la cuisine
LA MÈRE. – Bonjour, Christina. Ça va ?
CHRISTINA. – Bonjour ! Oui, je suis en pleine forme !
LA MÈRE. – Vous prenez tous un café au lait et des tartines ?
CHRISTINA. – Oui.
CHLOÉ. – Moi aussi !
PAUL. – Non, moi un chocolat !
LA MÈRE. – Alors, tu es contente de ton séjour en France ?
CHRISTINA. – Oui, très contente !
PAUL. – Et les Français, comment tu les trouves ? Hein ?
CHLOÉ. – Les Français ? Ils parlent la bouche pleine, par exemple ! Tu piges ? *(Rires.)*

UNITÉ 3

DÉCOUVRE L'HISTOIRE

— Oui !
— Alors, tu es contente de ton séjour en France ?
— Et les Français, ils sont comment ? Hein ?
— Oui, très contente !
— Ils parlent la bouche pleine, par exemple !

❹ Quelle heure il est ?

a. Écoute et associe les montres aux heures.

1. Il est dix heures et quart.
2. Il est une heure.
3. Il est sept heures cinq.
4. Il est minuit.
5. Il est midi.
6. Il est dix heures moins le quart.
7. Il est trois heures et demie.

	Lundi
Matin	8 h 00 à 9 h 00 Maths
	9 h 00 à 10 h 00 Français
	10 h 00 à 11 h 00 Sciences
	11 h 00 à 12 h 00 Histoire-Géo
	12 h 00 à 14 h 00 Cantine
Après-midi	14 h 00 à 16 h 00 Technologie
	16 h 30 à 18 h 30 Entraînement volley

b. Observe la journée de Chloé. Qu'est-ce qu'elle fait ?

Lundi,

1. ... à dix heures. → *Elle a français.*
2. ... à sept heures du matin. → *Elle n'a pas cours.*
3. ... à trois heures de l'après-midi.
4. ... à cinq heures de l'après-midi.
5. ... à huit heures du matin.
6. ... à une heure et demie.
7. ... à dix heures du soir.
8. ... à deux heures.

Observe :

à sept heures **du matin**
à trois heures **de l'après-midi**
à dix heures **du soir**

c. Avec ton/ta camarade, comparez votre emploi du temps du lundi avec celui de Chloé.

Chloé a ... heures de cours le matin, et ... heures de cours l'après-midi. Nous, on a...

Chloé commence à ... heures ; elle mange de ... heures à ... heures ; elle finit les cours à ... . Nous, on commence...

UNITÉ 3
ENTRAÎNE-TOI

1. Quelle heure il est ?

a. Écoute les quatre dialogues et associe-les aux images.

b. Dans chaque situation, il est quelle heure exactement ? Complète les phrases.

1. Il est ... .
2. Il est ... .
3. Il est ... .
4. Il est ... .

2. La journée de Laurent

a. Remets les activités dans l'ordre.

1. Je me lève.
2. Je dîne.
3. Je me couche.
4. Je déjeune.
5. Je prends ma douche.
6. Je prends mon petit déjeuner.
7. Je commence les cours.
8. Je rentre à la maison.

Observe :

Prendre
Je prends
Tu prends
Il/Elle prend

b. Écoute et note à quelle heure Laurent fait chacune des activités.

Observe :

Se lever	Se coucher
Je me lève	Je me couche
Tu te lèves	Tu te couches
Il/Elle/On se lève	Il/Elle/On se couche

c. Maintenant, avec ton/ta camarade, posez-vous des questions pour vérifier vos réponses.

À quelle heure il se lève ? Il se lève à...

3. Ma journée idéale

a. Décris ta journée idéale.

Je me lève à dix heures...

b. Avec ton/ta camarade, comparez vos journées idéales.

Tu te lèves à quelle heure ? Tu commences les cours à quelle heure ?...

c. Est-ce que vos journées réelles sont très différentes ?

4. Devinettes

Par groupes de quatre. Chacun pense à une activité qu'il fait tous les jours, et dit à quelle heure il/elle la fait.
Les autres élèves devinent quelle activité c'est.

Toi. – *Je le fais à sept heures du soir.*
Les autres. – *Tu dînes ? Tu regardes la TV ? Tu surfes sur Internet ?*

UNITÉ 3

ENTRAÎNE-TOI

5 Des horaires bizarres !
a. Associe les descriptions aux dessins.

a. Disc-jockey
b. Pilote 
c. Vigile 
d. Agriculteur 

1. Nous nous levons à cinq heures. Nous prenons notre petit déjeuner à cinq heures et quart. Nous rentrons à la maison à huit heures du soir (en été). Nous nous couchons à neuf heures et demie.

2. Nous dînons à huit heures et nous commençons à travailler à dix heures du soir. Nous nous couchons à six heures du matin. Nous nous levons à deux heures de l'après-midi.

3. Nous nous levons à quatre heures de l'après-midi. Nous commençons à travailler à huit heures du soir. Nous rentrons à la maison à huit heures du matin. Nous travaillons un jour sur deux.

4. Nous avons vraiment des horaires bizarres ! Par exemple, des fois nous nous levons à huit heures du matin (en France) et nous déjeunons à dix heures du matin (à Tokyo) ! Ou nous commençons à travailler un jour, et nous rentrons à la maison deux jours plus tard !

Observe :
C'est un vigile → Ce sont des vigiles.
C'est une infirmière → Ce sont des infirmières.

b. Maintenant, par groupes de quatre, faites d'autres descriptions et devinez de quelle profession il s'agit.
Ils se lèvent...

Observe :

Le pluriel des verbes			
Être	**Avoir**	**Déjeuner**	**Se lever**
Je suis	J'ai	Je déjeune	Je me lève
Tu es	Tu as	Tu déjeunes	Tu te lèves
Il/Elle/On est	Il/Elle/On a	Il/Elle/On déjeune	Il/Elle/On se lève
Nous sommes	Nous avons	Nous déjeunons	Nous nous levons
Vous êtes	Vous avez	Vous déjeunez	Vous vous levez
Ils/Elles sont	Ils/Elles ont	Ils/Elles déjeunent	Ils/Elles se lèvent

6 En tandem
La famille Trucmuche
Élève A : observe la page 92.
Élève B : observe la page 95.

UNITÉ 3
ENTRAÎNE-TOI

7 Qu'est-ce qu'ils font ?

a. Observe les dessins.

b. Écoute et répète les prénoms.

| Marie | Marc | Océane | Arthur | Martine |
| Jean | Manon | Antoine | Mélanie | Fabrice |

c. Écoute et identifie les personnes.

Le numéro 2, c'est Mélanie.

Observe :

En français, il existe deux manières d'exprimer un fait présent :
1. Mélanie **écoute** de la musique.
2. Mélanie **est en train d'écouter** de la musique.
Laquelle sert à insister sur le fait que l'action est en cours de réalisation ?

d. Avec ton/ta camarade. Observez les dessins et faites des phrases.

Mélanie écoute/est en train d'écouter de la musique.

e. Avec ton/ta camarade. Fermez vos livres et retrouvez ce que font les personnages du dessin.

f. Avec ton/ta camarade. Choisis un des personnages des dessins, donne trois pistes sur ce qu'il/elle ne fait pas. Ton/ta camarade devine de qui il s'agit.

Il n'écoute pas de la musique. / Il n'est pas en train d'écouter de la musique.

8 Les nombres de 60 à 100

a. Écoute et répète les nombres.

60 : soixante	70 : soixante-dix	80 : quatre-vingts	90 : quatre-vingt-dix
61 : soixante et un	71 : soixante et onze	81 : quatre-vingt-un	91 : quatre-vingt-onze
62 : soixante-deux	72 : soixante-douze	82 : quatre-vingt-deux	92 : quatre-vingt-douze
			100 : cent

b. Ça fait combien ? Écoute et réponds.

a. 30 + 30 = ...
b. 40 + 25 = ...
c. 92 − 12 = ...
d. ...
e. ...
f. ...

UNITÉ 3

DÉCOUVRE LA GRAMMAIRE

Les verbes pronominaux

1 Complète les phrases.

a. - Tu ... (se coucher) tous les soirs à neuf heures ?
- Normalement oui, mais le samedi je ... (se coucher) à onze heures.
b. - Tu ... (se lever) avant ou après tes parents ?
- Ma mère ... (se lever) d'abord, et une demi-heure après je ... (se lever).

c. - Votre mère, elle ... (se réveiller) avant ou après vous ?
- Avant ! Elle ... (se réveiller) à six heures, et nous, on ... (se réveiller) à sept heures et demie !

Le pluriel des verbes

2 Zébulon 1, 2, 3...
a. Complète la bulle des extraterrestres.

Je m'appelle Zébulon 1. Je suis un extraterrestre. J'aime la Terre et j'ai des amis terriens !

Nous nous appelons Zébulon 2, Zébulon 3, Zébulon 4. Nous...

b. Maintenant présente-les :
1. Il s'appelle...
2. Ils s'appellent...

3 Chloé parle de ses profs.
Complète le texte avec les verbes suivants.
Conjugue-les à la bonne forme.
Appeler, avoir, être, aimer, prendre, avoir, expliquer.
Nos profs, cette année, ils ... tous très sympa. Ils ... de bonnes relations avec nous : ils ... tous les élèves par leur prénom, ils ... avec beaucoup de patience, ils ... le temps d'écouter les élèves quand ils ... des problèmes. En un mot, ils ... leur travail !

Être en train de

4 Observe les dessins et complète les bulles. Dis ce que chaque personne est en train de faire.

1. *Ils ne se baignent pas ?* — *Non, ils sont en train de jouer au foot.*

2. *Le téléphone ne marche pas ?* — ...

3. *Pourquoi tu ne prends pas ta douche maintenant ?* — ...

4. *Tu n'écoutes pas de la musique ?* — ...

5. *Vous n'allez pas au lit ?* — ...

UNITÉ 3
Monsieur Catastrophe
Un peu de jardinage

UNITÉ 3

TU AS BIEN COMPRIS ?

1 Observe les images.

a. À quelle heure est-ce que monsieur Catastrophe commence à travailler dans le jardin ?

b. Combien de temps est-ce que monsieur Catastrophe parle avec son voisin ?

c. Que font les enfants du jardin d'à côté ?

d. Qui casse le carreau de la fenêtre de monsieur Catastrophe ?

2 Cache la BD.

a. Écoute une première fois. Vrai ou faux ?

1. Le voisin de monsieur Catastrophe s'appelle Jean.
2. Les enfants n'ont pas envie de prendre le goûter avec monsieur Catastrophe.
3. Monsieur Catastrophe dit aux enfants qu'il sait très bien jouer au foot.
4. Monsieur Catastrophe explique à son voisin qu'il est le responsable de l'accident de la fenêtre.

b. Écoute à nouveau et réponds aux questions suivantes.

1. Pourquoi monsieur Catastrophe prend un verre de citronnade ?
2. Où va le voisin de monsieur Catastrophe ?
3. Pourquoi les enfants ont envie de goûter ?
4. Pourquoi monsieur Catastrophe a du bricolage à faire ?

3 Lis la BD et vérifie tes réponses.

JOUONS AVEC LES SONS

1 Écoute la chanson.

2 Comment ça se prononce ?
[b] / [p] et [v] / [f]

a. Écoute et dis si tu entends [b] ou [p].

	[b]	[p]
1		+
2	+	
…		
8		

b. Écoute et dis si tu entends [v] ou [f].

	[v]	[f]
1	+	
2		+
…		
8		

c. Lis les phrases suivantes.

1. Vos parents se réveillent avant vous ?
2. Vincent arrive avec son nouveau vélo.
3. Si tu veux, tu viens vers vingt heures !
4. Il révise ses verbes dans sa chambre.
5. Votre nouvelle devinette est bien bonne !
6. Vous avez beaucoup de problèmes avec vos devoirs ?

3 Chante la chanson.

Rêver éveillé

Si tu veux…

Rire, imaginer, voler, t'évader,
Oublier soucis et peines de la vie,
Apprendre et savoir des milliers d'histoires.

Si tu veux…

Partir en voyage sans faire tes bagages,
Trouver des réponses à toutes tes questions,
Avoir des frissons, chasser un dragon.

Si tu veux…

Vivre des aventures, comme le roi Arthur
Devenir le héros d'un roman-photo
Et vivre un beau jour, une histoire d'amour

Si tu veux…

Rêver éveillé, ne ferme pas les yeux :
Choisis un bon livre et lis donc un peu !

UNITÉ 3
LA VIE EN FRANCE

LA JOURNÉE

En France...

- 60 % des 11-14 ans ont une console vidéo ou un ordinateur.
- Les jeunes passent, en moyenne, 2 h 48 min par jour devant un écran de télévision, d'ordinateur ou de console vidéo.
- Les collégiens aiment :
1. écouter de la musique ;
2. discuter avec des amis ;
3. regarder la télévision ;
4. jouer sur l'ordinateur/surfer sur Internet ;
5. faire du sport.
- Les sports les plus pratiqués par les jeunes sont :

1. la natation ;
2. le basket ; 
3. le vélo ; 
4. le roller. 

La journée de Julien

« Je me lève entre 6 h 30 et 7 h 15 mais je dors 9 heures par nuit ! Je mets 20 minutes pour aller à mon collège le matin : c'est mon père qui m'amène. Le soir, je rentre seul en bus. Après l'école, j'aime bien regarder la télé ou écouter de la musique dans ma chambre. J'ai trop de devoirs à faire à la maison !
Le mercredi après-midi, je n'ai pas école, je peux faire du judo et du piano, mais je fais aussi mes devoirs ! Le week-end aussi est libre, mais dans mon collège j'ai cours le samedi matin ! »
Julien.

❶ Est-ce qu'il y a une information qui t'étonne ou qui est vraiment très différente de ce qu'on fait dans ton pays ? Discutes-en avec tes camarades.

❷ En classe. Avec tes camarades dites les activités ou les sports que vous préférez. Classez-les du plus au moins cité. Comparez avec les activités et les sports cités par les jeunes Français. Qu'est-ce que vous observez ?

❸ Et toi, à quelle heure tu te lèves, le matin ? Combien de temps tu mets pour aller à ton collège ? Tu manges à la cantine ? À quelle heure tu finis l'école ? Qu'est-ce que tu fais après l'école ? Est-ce que tu as beaucoup de devoirs à faire le soir ? Tu pratiques une activité culturelle, sportive ? Laquelle ? Comme Julien, écris un petit texte pour raconter ta journée.

UNITÉ 3

LA VIE EN FRANCE

LA SEMAINE

L'emploi du temps de Chloé (classe de 5e)

	Lundi	Mardi	Mercredi	Jeudi	Vendredi
08 h 00 – 09 h 00	Maths	Français	Sport	Arts plastiques	Sport
09 h 00 – 10 h 00	Français		Anglais	Français	Maths
10 h 00 – 11 h 00	Sciences de la vie et de la Terre	Musique	Histoire-Géo	Anglais	Histoire-Géo Éducation civique
11 h 00 – 12 h 00	Histoire-Géo	Anglais	Maths	Maths	Cantine
12 h 00 – 14 h 00	Cantine	Cantine		Cantine	Français
14 h 00 – 15 h 00	Technologie	Sciences de la vie et de la Terre		Sport	
15 h 00 – 16 h 00		Étude dirigée			

4 Observe l'emploi du temps de Chloé (classe de 5e) et réponds aux questions :
   a. Chloé doit emporter ses affaires de sport à l'école quels jours ?
   b. Elle rentre déjeuner à la maison quel jour ?
   c. Chloé aime les langues étrangères, le français et le dessin, mais elle n'aime pas les maths. À ton avis, quel est le jour préféré de Chloé ?

5 Cherche les ressemblances et les différences avec ton emploi du temps. Compare :
   a. la durée de chaque cours ;
   b. le nombre d'heures de cours par semaine ;
   c. les horaires (début et fin de journée) ;
   d. les matières.

Est-ce que c'est la même chose dans ton pays ou non ? Explique.

BLAGUES

À L'ÉCOLE
— Thomas, avoue que ton père t'a aidé à faire tes devoirs !
— Non madame, je vous jure !
— Sûr ?
— Oui, j'en suis sûr : il les a faits tout seul !

LEÇON DE CONJUGAISON
— Patricia, si c'est toi qui chantes, tu dis...
— Je chante.
— Bien !... Et si c'est ton frère, tu dis...
— Arrête !

UNITÉ 3
BILAN
Maintenant tu peux...

1 ... demander et donner l'heure.
   a. Quelle question tu utilises pour demander l'heure ?
   b. Dis quelle heure il est.

1 2 3 4 5
Il est ...   Il est ...   Il est ...   Il est ...   Il est ...

- l'expression de l'heure
- il est

2 ... parler de tes activités quotidiennes.
   a. Dis ce que tu fais normalement un jour de la semaine.
   b. Demande à un/une camarade de te raconter une journée au collège. Pose les bonnes questions !
   c. Dis ce que fait ce garçon.

1 Le matin...
2 À midi... 
3 L'après-midi... 
4 Le soir... 

- les verbes des actions quotidiennes
- les verbes pronominaux
- le verbe prendre
- les adjectifs possessifs (mon, ma, mes)
- l'heure
- l'interrogation

3 ... parler des actions en cours de réalisation.
Décris ce que font ces personnes. Utilise le présent ou « être en train de ».

- le pluriel des verbes
- être en train de

4 ... parler de tes horaires au collège.
   a. Dis quelles matières tu as le lundi et le mercredi.
   b. Parle de tes horaires.
   c. Pose des questions à un/une camarade sur ses horaires scolaires.

- les matières du collège
- l'heure
- l'interrogation

Les mots

les activités de la journée

les matières du collège

UNITÉ 4

Ma ville

Dans cette unité tu vas apprendre :

- à décrire ton quartier, ta ville
- à localiser un lieu
- à demander, à indiquer un itinéraire
- à tutoyer, vouvoyer
- à donner un ordre, une indication
- à exprimer l'obligation *(il faut)*

UNITÉ 4
DÉCOUVRE L'HISTOIRE
Chloé et Christina en ville
Le bureau de tabac...

Le matin, dans la chambre de Chloé — Devant le collège — En ville

Super on n'a pas cours l'après-midi !
Ouais, cool !
L'arrêt est là, en face.
Ah ! oui, ça y est.
Où est-ce que je peux acheter des timbres ?
À la poste ou dans un bureau de tabac.

1 Avant l'écoute

a. Associe les lieux aux dessins.
1. La bibliothèque
2. La poste
3. L'arrêt d'autobus
4. Le bureau de tabac

b. Observe les photos et les bulles. Complète.
1. Chloé est contente parce qu'elle ... l'après-midi.
2. Chloé et Christina décident d'aller ... .
3. Elles cherchent ... .

2 Après l'écoute

Écoute. Vrai ou faux ? Rétablis la vérité.
1. Chloé et Christina vont en ville à pied.
2. Christina veut acheter des cartes postales.
3. Le bureau de tabac est dans la rue du Marché.
4. À la fin de l'après-midi elles sont fatiguées.

Le bureau de tabac...

Le matin, dans la chambre de Chloé
CHLOÉ. – Aujourd'hui, c'est mercredi ! Super on n'a pas cours l'après-midi ! Si tu veux, on fait un petit tour en ville après les cours ?
CHRISTINA. – Ouais, cool ! C'est loin ? Il faut prendre l'autobus ?
CHLOÉ. – Oui, il vaut mieux. C'est un peu loin à pied.

Devant le collège
CHLOÉ. – Regarde ! On prend l'autobus là-bas.
CHRISTINA. – Où ça ?
CHLOÉ. – Tu vois le supermarché ? Là-bas à gauche.
CHRISTINA. – Ah ! oui.
CHLOÉ. – L'arrêt est là, en face, devant la bibliothèque.
CHRISTINA. – Ah ! oui, ça y est.

En ville
CHRISTINA. – Où est-ce que je peux acheter des timbres ?
CHLOÉ. – À la poste ou dans un bureau de tabac. Mais la poste n'est pas par ici... On cherche un tabac ?
CHRISTINA. – D'accord.

Dix minutes plus tard
CHLOÉ. – J'en ai marre ! On ne trouve pas de bureau de tabac. Attends, je vais demander à quelqu'un. Pardon, madame, est-ce qu'il y a un tabac par là ?
UNE FEMME. – Oui, il y en a un dans la rue de Barjac.
CHLOÉ. – Heu... la rue de Barjac... Vous pouvez me dire où ça se trouve ?
UNE FEMME. – Oui, continuez tout droit, tournez à gauche, prenez la première rue à droite et vous arrivez à la rue de Barjac.
CHLOÉ. – Merci madame.
CHRISTINA. – Peuh ! Tournez à droite, prenez à gauche, puis à droite, ensuite à gauche... Je suis crevée, moi !

CHLOÉ. – Moi, aussi. Et, en plus, j'ai soif ! On prend quelque chose ?
CHRISTINA. – Bonne idée !
CHLOÉ. – Il y a plein de jolis cafés, sur la place, derrière l'église... On y va ?

À la terrasse d'un café
CHLOÉ. – Qu'est-ce que tu vas prendre ?
CHRISTINA. – Je ne sais pas... et toi ?
CHLOÉ. – Moi, un diabolo fraise !
CHRISTINA. – Bon et moi... une menthe à l'eau. Au fait, on peut demander au serveur où est-ce qu'il y a un tabac !
CHLOÉ. – Ah oui ! c'est vrai ! Pardon, vous savez où on peut trouver un bureau de tabac, s'il vous plaît ?
LE SERVEUR, *étonné et regardant le panneau « tabac »*. – Un bureau de tabac ?

UNITÉ 4

DÉCOUVRE L'HISTOIRE

À la terrasse d'un café

3 Les expressions
Donne l'équivalent de ces expressions dans ta langue.
1. Super !
2. Il vaut mieux.
3. D'accord.
4. J'en ai marre !
5. Bonne idée !
6. On y va ?
7. Ça y est !

4 Tu ou vous ?
a. Écoute et dis, pour chaque phrase, qui parle à qui.

b. Écoute à nouveau.
À combien de personnes on parle ?
1. À … personne(s).
2. À … personne(s).
3. À … personne(s).

c. Quel pronom personnel tu utilises pour parler à :
1. une personne de la famille ?
2. un adulte qu'on ne connaît pas ?
3. plusieurs personnes ?

d. Observe la liste. Qu'est-ce que tu dis : *tu* ou *vous* ?
1. À un copain.
2. À un professeur.
3. À tes grands-parents.
4. À des copains.
5. Au serveur du bar.
6. À un enfant.

Observe :
S'il **vous** plaît…
S'il **te** plaît…

e. Pose les questions correspondantes.
1. Tu n'as pas de stylo. Demandes-en un à ton professeur : …
2. Tu veux jouer au Monopoly avec tes copains. Demande-leur : …
3. Tu vas à la piscine, mais tu n'aimes pas y aller seul(e). Demande à ton/ta copain/copine : …
4. Tu téléphones à tes cousins. Demande ce qu'ils font : …
5. Tu aimes faire du sport. Demande à ta copine si elle aussi : …
6. Tu es dans la rue et tu n'as pas de montre. Demande l'heure à une dame : …

5 Transforme comme dans l'exemple.
Tu cherches la place du village ?
→ *Vous cherchez la place du village ?*
1. Est-ce que tu viens avec nous ?
2. Tu es d'où ?
3. Tu peux me dire où est le stade ?
4. Tu as l'heure, s'il te plaît ?
5. Tu veux aller au cinéma ?

UNITÉ 4
ENTRAÎNE-TOI

1 Il y a...

a. Observe le dessin et lis la description de la place Jules-Ferry.

Voici ma ville. Sur la place Jules-Ferry, il y a une statue que j'aime bien. La place est devant l'hôtel de ville. En face de l'hôtel de ville, il y a l'hôtel Belle Vue. Moi, je vais au collège, celui qui est derrière le cinéma. Mon frère va au lycée, c'est plus loin, à gauche du stade. Ma mère travaille à la banque qui est entre la boulangerie et le supermarché.

b. Comment dit-on « il y a » dans ta langue ?

c. Écoute les descriptions et observe le dessin. De quelle rue on parle ?

2 a. Observe le dessin et retrouve les mots à partir des lettres.

1. La RAEG   *La gare*
2. Le EDTSA
3. Le ELCYE
4. Le EGOLCLE
5. La EPISICN
6. L'TLEHO
7. Le MCNIEA
8. La QBAUEN

b. Où est-ce qu'on peut faire les choses suivantes ?

On peut voir un film *au cinéma*.

1. Nous pouvons prendre le train à la … .
2. Tu peux faire de la natation à la … .
3. Vous pouvez changer de l'argent à la … .
4. Il peut faire des courses au … .
5. Elle peut faire du sport au … .
6. On peut acheter du pain à la … .

Observe :

Pouvoir

Je peux	Nous pouvons
Tu peux	Vous pouvez
Il/Elle/On peut	Ils/Elles peuvent

Observe :

au cinéma   **à l'** hôtel   **à la** bibliothèque

3 Quels lieux et magasins se trouvent dans ton quartier ? Compare avec ton/ta camarade.

Dans mon quartier, il y a...

UNITÉ 4

ENTRAÎNE-TOI

Observe :

Devant — Dans — Derrière — Près de
Sur — En face de — Entre

4 Situons-nous !

a. Lis les phrases et observe le grand dessin. Qu'est-ce que c'est ?

1. Il est à côté du lycée.
2. Il est en face de l'hôtel de ville.
3. Elle est près du cinéma.
4. Elle est entre le supermarché et la boulangerie.
5. Elle est derrière la poste.

Observe :

à côté **de la** mairie   à côté **des** arbres du parc
à côté **du** parc   **dans** la rue
à côté **de l'**hôtel   **sur** la place

Attention !
devant **le** supermarché   derrière **la** poste

b. Fais des phrases comme les précédentes. Lis les phrases à ton/ta camarade. Est-ce qu'il/elle sait de quoi il s'agit ?

c. Écoute. Où habitent-ils ?

5 En tandem

La classe de Xavier
Élève A : observe la page 92.
Élève B : observe la page 95.

6 Itinéraires

a. Écoute et lis les dialogues.

1. « Pardon, monsieur. Est-ce qu'il y a une bibliothèque par là ?
– Oui. Allez tout droit. Tournez à gauche et puis prenez la première rue à droite. La bibliothèque est à droite, entre la banque et le restaurant. »

2. « Excusez-moi, madame. Vous pouvez me dire où se trouve l'hôtel ?
– Continuez tout droit. Tournez à droite et prenez la rue de la République. Prenez la deuxième rue à gauche et vous arrivez à la rue de la Gaieté. L'hôtel est sur la gauche. »

Observe :

Prenez la rue
Allez/Continuez tout droit
Tournez à gauche/à droite
Prenez la première à gauche/à droite

b. Écoute et observe le dessin à gauche. Où veulent-ils aller ?

Observe :

– Pardon madame, **vous pouvez** me dire où se trouve…
– Excuse-moi. **Tu peux** me dire où est…
– **Vous voulez** aller où ?
– Où est-ce que **tu veux** aller ?

c. Avec ton/ta camarade, imaginez que vous ne connaissez pas la ville. Ton/ta camarade pose la question et l'autre explique. Ensuite inversez les rôles.

Élève A : tu es à la piscine, tu veux aller à l'hôtel de ville.
Élève B : tu es au collège, tu veux aller au lycée.

« Excuse-moi, je veux aller…

Observe :

Vouloir

Je veux	Nous voulons
Tu veux	Vous voulez
Il/Elle/On veut	Ils/Elles veulent

UNITÉ 4
ENTRAÎNE-TOI

7 C'est un ordre !
Observe les dessins. Associe les phrases aux personnes.

a. b. c. d. e.

1. Viens ici !
2. Taisez-vous !
3. Regardez comme c'est beau !
4. Tiens bien le chien !
5. Écoute cette chanson !

Observe :

L'impératif		
	Tu	Vous
Chercher	Cherche !	Cherchez !
Regarder	Regarde !	Regardez !
Venir	Viens !	Venez !

8 Qu'est-ce qu'il faut faire ?

a. Écoute.
Où est-ce qu'on entend ces phrases ?

1. Pardon, il faut prendre quel train pour aller à Montpellier ?
2. Il faut changer le moteur !
3. Il faut prendre le médicament avant ou après manger ?
4. Il faut se doucher avant de se baigner !
5. Il faut fermer le sac avant de peser les fruits !
6. Pour être sûr d'avoir de la place, il faut réserver la table trois jours à l'avance !
7. Il faut conserver le ticket jusqu'à la fin du film !
8. Il ne faut pas faire de bruit !

b. Donne l'équivalent de « il faut » dans ta langue.

c. Où est-ce qu'il faut aller ? Lis les questions et réponds.

1. Pour acheter du pain ? → Il faut aller à la boulangerie.
2. Et pour danser ?
3. Et pour acheter du Coca-Cola ?
4. Et pour nager ?
5. Et pour voir un film ?
6. Et pour prendre l'autobus ?

d. Pose des devinettes à ton/ta camarade.
Toi. – Où est-ce qu'il faut aller pour téléphoner ?
Ton/Ta camarade. – À la poste !

UNITÉ 4

DÉCOUVRE LA GRAMMAIRE

Les articles contractés

1 Complète les phrases avec les articles correspondants.
a. Pour aller ... banque, s'il vous plaît ?
b. Pour aller ... pharmacie, s'il te plaît ?
c. Pour aller ... stade, s'il vous plaît ?
d. Pour aller ... hôtel, s'il te plaît ?
e. Pour aller ... cinéma, s'il vous plaît ?

2 Complète les phrases avec un article.
a. La banque se trouve à côté ... cinéma et en face ... bibliothèque.
b. La fontaine du XVe siècle se trouve sur ... place, devant ... église.
c. J'habite près ... collège, derrière ... piscine.
d. Il y a une sculpture de Rodin dans ... cour de la mairie, à droite ... escalier.

Tu/Vous

3 Écoute et dis si on parle à une ou plusieurs personnes, ou si on ne sait pas.

4 Observe les dessins et complète les phrases. Utilise *tu* ou *vous* et les verbes : *avoir, regarder, être, jouer*.
1. Maman, s'il te plaît, est-ce que ... avec moi au scrabble ?
2. ... l'heure, s'il vous plaît ?
3. Qu'est-ce que ... ? Les dessins animés ?
4. Merci ... très gentil !

a.   b.   c.   d.

L'impératif

5 Retrouve les terminaisons des verbes. Complète les tableaux.

Passer	Présent	Impératif
	Je pass...	
	Tu pass...	Pass...
	Il/Elle/On pass...	
	Nous pass...	Pass...
	Vous pass...	Pass...
	Ils/Elles pass...	

Prendre	Présent	Impératif
	Je pren...	
	Tu pren...	Pren...
	Il/Elle/On pren...	
	Nous pren...	Pren...
	Vous pren...	Pren...
	Ils/Elles pren...	

6 a. Complète ce texte avec l'impératif.
Vous voulez aller au centre omnisports ? C'est facile : ... (prendre) la route de Béziers, ... (continuer) pendant 2 km et au premier croisement, ... (tourner) à droite. Ensuite ... (aller) tout droit, ... (passer) devant la gare, ... (traverser) le pont et c'est là : à 50 mètres.

b. Maintenant fais la même chose avec *tu*.
Tu veux aller au centre omnisports ? C'est facile...

Pouvoir/Vouloir

7 a. Complète les phrases avec le pronom personnel qui convient : *je, tu, il, elle, on, nous, vous, ils* ou *elles*.
1. ... ne peux pas aller avec toi faire les courses, ... veux d'abord finir mes devoirs !
2. « Maman, ... veut aller au centre commercial. ... peux venir nous chercher en voiture ?
– ... veux bien, mais à partir de six heures. D'accord ? »
3. « Qu'est-ce que ... voulez manger ?
– ... voulons une salade et un poisson, s'il vous plaît ! »
4. « ... veulent vous parler !
– Maintenant ... ne peux pas, je suis occupé ! »

b. Complète les dialogues avec *vouloir* ou *pouvoir*.
1. « Qu'est-ce qu'elle demande cette dame ?
– Elle ... savoir où est la pharmacie ! »
2. Tu sais à quelle heure nous ... prendre le train pour rentrer : nous ne ... pas arriver trop tard.
3. « Elles ... entrer ?
– Oui. Si elles ... ! »
4. « Est-ce qu'on ... vous accompagner ?
– Si vous ... ! »

UNITÉ 4
MONSIEUR CATASTROPHE
La chasse au trésor

UNITÉ 4

TU AS BIEN COMPRIS ?

1 **Observe les images.**
a. Quels lieux apparaissent dans la BD ?

b. Où commence la chasse au trésor ?

c. Est-ce que monsieur Catastrophe participe au jeu tout seul ?

2 **Cache la BD.**
a. Écoute une première fois. Vrai ou faux ?
1. La chasse au trésor a lieu dimanche.
2. Le premier indice envoie les participants à la pharmacie.
3. Les frères Catastrophe connaissent bien l'église Saint-Sulpice.

b. Écoute à nouveau. Réponds aux questions.
1. Combien coûte la chasse au trésor ?
2. Où se trouve le deuxième indice ?
3. Est-ce que le troisième papier est un indice ?

3 **Lis la BD et vérifie tes réponses.**

JOUONS AVEC LES SONS

1 **Écoute la chanson.**

2 **Comment ça se prononce ?**
[i], [u] et [y]

a. Écoute. Tu entends [i] ou [y] ? Souligne ce que tu entends.

	[i]	[y]
1	Bonjour Lili !	Bonjour Lulu !
2	Quelle vie !	Quelle vue !
3	C'est écrit.	C'est écru.
4	C'est pire !	C'est pur !
5	Six paires !	Super !
6	Tu connais Larry ?	Tu connais la rue ?

b. Dis si tu entends [u] ou [y].

3 **Chante la chanson.**

Mon copain Lulu

Mon copain Lulu,
Il est très farfelu
Il porte un chapeau pointu
Et il est toujours dans les nues.
Quand on se promène dans la rue
Soudain Lulu se transforme en statue
Les gens s'étonnent au début,
Ils le regardent, puis continuent,
Alors, Lulu remue, et il les salue !

Un truc : pour prononcer le u : place les lèvres comme pour prononcer un o et essaie de dire un i. Tu vois, ça marche !

UNITÉ 4
LA VIE EN FRANCE

LA VILLE

Julie, 12 ans, habite une cité à Pantin, dans la banlieue de Paris, à côté de la Porte de la Villette. Elle va au collège en bus. Elle rêve et s'imagine habiter dans vingt ans une jolie maison dans un endroit tranquille, à la campagne.

Milena, 12 ans, vit dans une grande ville de Belgique : Liège. De chez elle, on voit les toits des immeubles voisins. Tous les jours elle va au collège à pied.

Mickaël, 13 ans, habite Marseille et, le matin, il prend le métro pour se rendre dans son collège, à six stations de chez lui.

Fanny, 11 ans, habite en pleine campagne. Ses parents sont agriculteurs et sa maison est entourée de champs et de collines. Le matin, elle se lève très tôt (6 heures) pour prendre le bus qui l'emmène au collège pour 8 heures. Le soir, elle ne rentre pas avant 20 h 00. « Le rythme est difficile mais j'adore ma campagne et mes animaux. »

François, 15 ans. Il est en seconde, il habite la grande banlieue de Toulouse. Il a trouvé deux moyens pour s'échapper de sa campagne : sa mobylette et son ordinateur. « Quand on habite à la campagne, la mobylette, c'est la liberté. »

En France...
- 39 % des jeunes habitent en ville.
- 25 % en banlieue.
- 36 % à la campagne.

1 Tu habites où ? À la ville, en banlieue ou à la campagne ?

2 De quel jeune (Julie, Milena, Mickaël, Fanny ou François) tu te sens le plus proche ?

UNITÉ 4
LA VIE EN FRANCE

Jeux

3 Retrouve les huit mots cachés.

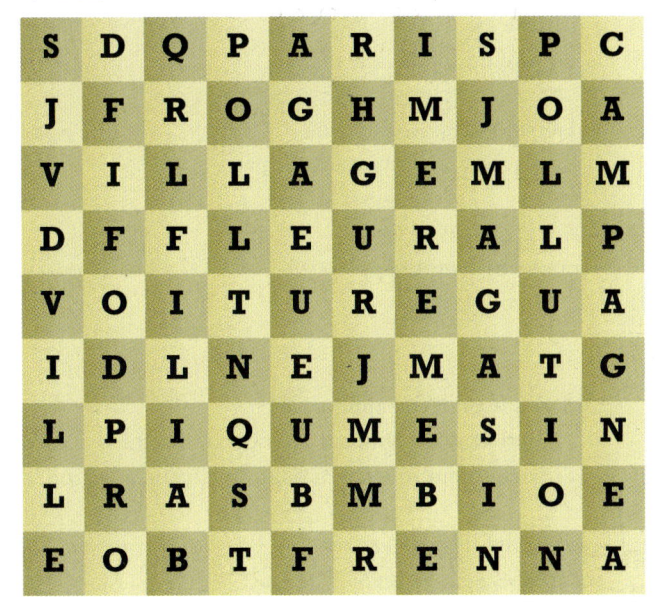

S	D	Q	P	A	R	I	S	P	C
J	F	R	O	G	H	M	J	O	A
V	I	L	L	A	G	E	M	L	M
D	F	F	L	E	U	R	A	L	P
V	O	I	T	U	R	E	G	U	A
I	D	L	N	E	J	M	A	T	G
L	P	I	Q	U	M	E	S	I	N
L	R	A	S	B	M	B	I	O	E
E	O	B	T	F	R	E	N	N	A

4 Pour les 13 ans de Julien, trois de ses amis lui envoient un e-mail et une photo de leur ville. Trouve où les copains de Julien habitent.

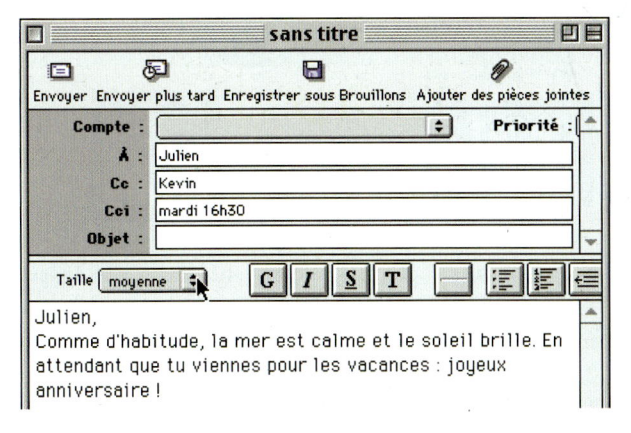

a.
Julien,
Comme d'habitude, la mer est calme et le soleil brille. En attendant que tu viennes pour les vacances : joyeux anniversaire !

b.
Julien,
Bon anniversaire Julien ! Je pense bien à toi. Gros bisous de la montagne.

c.
Julien,
La journée est finie, la nuit tombe sur la Grand-Place. Bon anniversaire !

5 Voici huit noms de villes françaises déchirés en deux parties.
Reconstitue les noms des villes, puis place-les sur la carte.

PA*ris* — OUSE
BOR*deaux* — BOURG
TOUL*ouse* — LE
STRAS*bourg* — RIS
GRE*noble* — ON
LIL*le* — SEILLE
MAR*seille* — NOBLE
LY*on* — DEAUX

UNITÉ 4
BILAN

Maintenant tu peux...

① ... utiliser *tu et vous*.

Pose les questions suivantes :
– le nom (s'appeler) : à un adulte
– le domicile (habiter) : à plusieurs amis
– la nationalité (être) : à plusieurs adultes
– l'âge (avoir) : à un ami

– *tu/vous*
– verbes avec tu et vous

② ... décrire ta ville, ton quartier.

a. Où trouve-t-on les objets suivants ?

b. Dis où il faut faire les choses suivantes.
1. Acheter de l'aspirine.   4. Faire du sport.
2. Changer de l'argent.   5. Prendre le TGV.
3. Étudier.

– les articles contractés
– les prépositions de lieu
– les lieux de la ville
– les noms de magasins
– il faut

c. Observe le plan et complète les phrases.

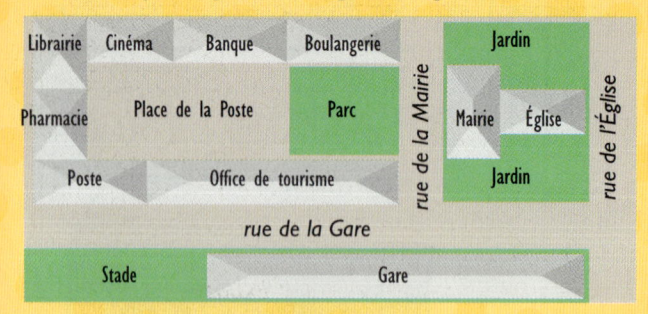

1. La poste est ... la pharmacie et l'office de tourisme.
2. L'église est ... la mairie.
3. Le parc est ... de la mairie.
4. La boulangerie est ... de la banque.
5. La banque est ... cinéma.
6. La place de la Poste est ... le parc.

– les prépositions de lieu
– les articles contractés
– les lieux de la ville

③ ... demander/indiquer un itinéraire.

Observe le plan et explique...
a. ... à un adulte, comment aller de la librairie à la gare ;
b. ... à un enfant, comment aller du cinéma à l'église.

– l'impératif, il faut, pouvoir
– les prépositions de lieu
– les articles contractés
– les lieux de la ville
– *tu/vous*

④ ... donner un ordre.

a. Dis ce qu'il faut faire. → *Il faut tourner à droite.*

DOUCHE OBLIGATOIRE   FERMEZ LA PORTE SVP   SILENCE !

b. Donne une réplique qui convient. Utilise l'impératif.
J'ai mal à la tête ! → *Prends une aspirine !*
1. Ce week-end je suis tout seul !
2. Je veux faire du sport !
3. Je ne sais pas où est la gare !
4. Il est tard, je suis fatigué !
5. J'ai faim !

c. Reformule en utilisant « vous ».

– il faut, il ne faut pas
– l'impératif

Les mots

les lieux de la ville

les magasins

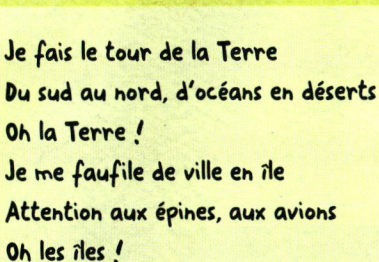

Bulle de savon

Je fais le tour de la Terre
Du sud au nord, d'océans en déserts
Oh la Terre !
Je me faufile de ville en île
Attention aux épines, aux avions
Oh les îles !

Je suis une bulle de savon
Une goutte d'illusion
Un mirage
Quelque chose dans les nuages
Sans visage
Je suis transparent
Mais j'ai ma vie dedans ma peau
Qui fait des bonds
Fait des ronds et qui a peur
Qu'on crève son cœur

Je sais qu'il faut faire
Attention aux enfants
Qui crèvent les ballons
Bulles de vent
J'ai peur des fils barbelés
Du verre cassé
Des couteaux aiguisés
Y'a danger

Je suis une bulle de savon
Une goutte d'illusion
Un mirage
Quelque chose dans les nuages
Sans visage
Je suis transparent
Mais j'ai ma vie dedans ma peau
Qui fait des bonds
Fait des ronds et qui a peur
Qu'on crève son cœur

J.P. Dreau / M. Polnareff
© Édition E.M.I

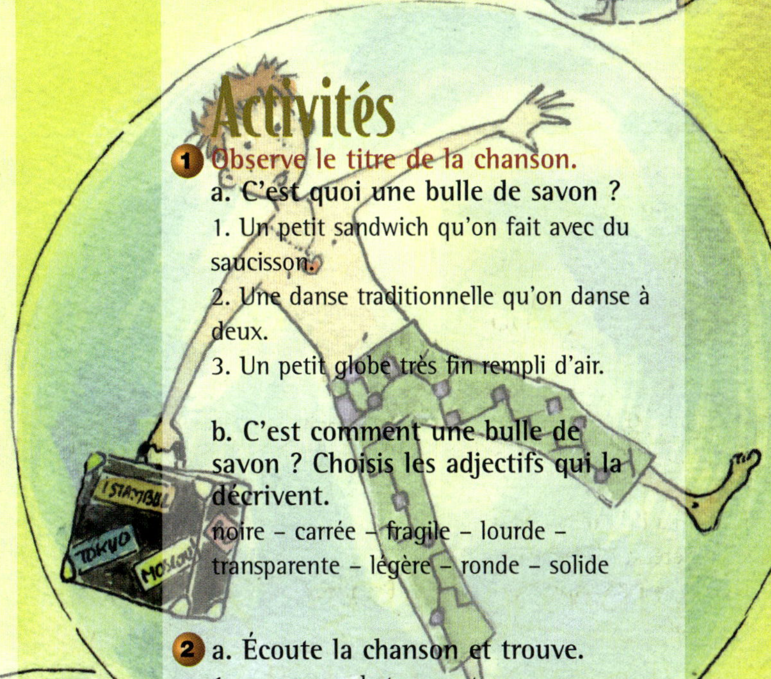

CHANSON 59

Activités

1 Observe le titre de la chanson.
a. C'est quoi une bulle de savon ?
1. Un petit sandwich qu'on fait avec du saucisson.
2. Une danse traditionnelle qu'on danse à deux.
3. Un petit globe très fin rempli d'air.

b. C'est comment une bulle de savon ? Choisis les adjectifs qui la décrivent.
noire – carrée – fragile – lourde – transparente – légère – ronde – solide

2 a. Écoute la chanson et trouve.
1. un moyen de transport ;
2. un paysage naturel très sec ;
3. un bout de terre entouré d'eau ;
4. un instrument qui sert à couper ;
5. un objet rond qui décore les fêtes d'anniversaire.

b. Lis les paroles de la chanson pour vérifier.

3 Écoute à nouveau en lisant les paroles et réponds aux questions.
a. D'après le chanteur, pourquoi est-ce qu'il ressemble à une bulle de savon ?
b. De quoi a-t-il peur ?
c. Et toi, de quoi as-tu peur ? Explique pourquoi.
Tu peux choisir parmi les choses suivantes :
des araignées – des moustiques – des examens – des fantômes – de l'obscurité – de l'ascenseur – …

PROJET 2
LA PAGE WEB DE MON COLLÈGE

CVH
INTERACTIF

- Présentation
- L'emploi du temps
- Les professeurs
- Notre classe de 5ᵉ
- Les activités périscolaires

CANTINE — GYMNASE — CLASSES — C.D.I.

SALLE DE MUSIQUE — CLUB INFORMATIQUE — ADMINISTRATION

COLLÈGE VICTOR HUGO

Présentation
Le collège Victor-Hugo se trouve dans la banlieue de Lyon (à 15 km du centre).
Nombre d'élèves : 406
Nombre d'enseignants : 36
Il dispose de nombreuses installations : gymnase, cantine, C.D.I., salle de musique, d'informatique, grande cour…
Cliquez ici pour connaître notre adresse, notre numéro de téléphone et notre adresse e-mail.

L'emploi du temps
De 8 h 30 à 16 h 30.
Repas : entre 12 h 00 et 13 h 30
Ouvert le mercredi et le samedi matin.
Nombre de matières : 11.
Français, mathématiques, première langue vivante étrangère (anglais, espagnol ou allemand), histoire-géographie-instruction civique, sciences de la vie et de la Terre, physique-chimie, technologies, arts plastiques, éducation musicale, éducation physique et sportive, option facultative (latin).

Les professeurs
Nombre de professeurs : 36
Cliquez ici pour connaître nos professeurs, voir leurs photos…

Notre classe de 5ᵉ
On est une classe de 33 élèves (11 filles et 22 garçons).
Nos passions communes sont : le sport, la musique, la lecture, l'informatique…
Cliquez ici pour voir notre classe, nos photos, pour lire la présentation de chaque élève et, peut-être, trouver un(e) correspondant(e).

Les activités périscolaires
Notre collège organise de nombreux ateliers : théâtre, philatélie, photographie, sports (roller, volley, basket…), cuisine, peinture, aéromodélisme, musique, chorale, ciné-club…
Cliquez ici pour voir nos photos, nos expositions, nos projets…

PROJET 2
LA PAGE WEB DE MON COLLÈGE

La classe de 5ᵉ A

Notre salle de classe

La salle des profs

Le conseil de classes

Le cours de gymnastique

À VOUS
Préparez la page Web de votre collège.

1. Mettez-vous par groupes de deux élèves.
2. Répartissez le travail.

   a. Un groupe s'occupe de la présentation du collège : il prépare un petit texte explicatif (situation géographique, nombre d'élèves, de professeurs...) ; il fait un plan ou une maquette avec les différents lieux du collège.

   b. Un autre groupe s'occupe de l'emploi du temps : horaires, matières, heures de français par semaine...

   c. Un autre groupe s'occupe des professeurs : présentation des professeurs, matières enseignées.

   d. Un autre groupe s'occupe de la classe : nombre d'élèves, description, matériel.

   e. Un autre groupe s'occupe des activités périscolaires.

ÉVALUATION 2

Vers le DELF A1...

PRODUCTION ORALE

1 Avec un(e) camarade. Choisis un sujet et joue l'un des rôles.
1. Au téléphone, tu expliques à un(e) ami(e) comment venir chez toi depuis la station de bus.
2. Ton/Ta correspondant(e) français(e) vient dans ton collège. Tu lui expliques ce qu'il faut ou ce qu'il ne faut pas faire.
3. Tu expliques à un(e) touriste français(e) ce qu'il/elle peut visiter dans ta ville.
4. Avec un(e) ami(e) vous comparez vos activités et vos emplois du temps du week-end.

COMPRÉHENSION ORALE

2 Écoute et choisis la bonne réponse.
1. Les deux amis sont...   a. dans la rue   b. à la gare   c. à la piscine
2. La gare c'est...   a. la première à droite et tout droit
                      b. tout droit et la première à gauche
                      c. tout droit et la première à droite
3. Le train part à...   a. 8 heures et quart   b. 10 heures   c. 15 heures
4. Ils doivent aller à...   a. Brest   b. Paris   c. Lyon
5. Les billets coûtent...   a. 66 euros   b. 76 euros   c. 70 euros

COMPRÉHENSION ÉCRITE

3 Chloé a invité Julien à venir chez elle. Elle lui écrit un mail pour lui indiquer l'itinéraire. Complète le plan. (La maison de Julien (J) et la maison de Chloé (C) sont signalées sur le plan.)

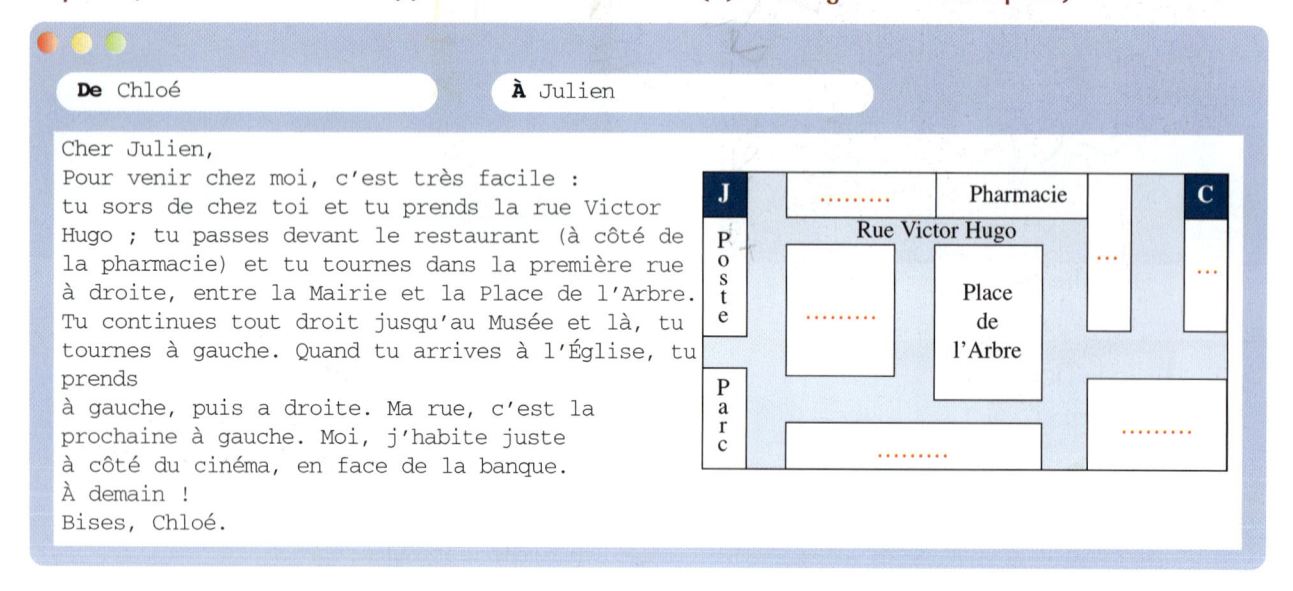

De Chloé   **À** Julien

Cher Julien,
Pour venir chez moi, c'est très facile :
tu sors de chez toi et tu prends la rue Victor Hugo ; tu passes devant le restaurant (à côté de la pharmacie) et tu tournes dans la première rue à droite, entre la Mairie et la Place de l'Arbre. Tu continues tout droit jusqu'au Musée et là, tu tournes à gauche. Quand tu arrives à l'Église, tu prends
à gauche, puis a droite. Ma rue, c'est la prochaine à gauche. Moi, j'habite juste à côté du cinéma, en face de la banque.
À demain !
Bises, Chloé.

PRODUCTION ÉCRITE

4 Tu envoies une lettre à un(e) correspondant(e) français(e) pour lui raconter ce que tu fais dans ton pays. Complète la lettre suivante (écris les heures en lettres).
(environ 100 mots)

Cher/Chère ...
... vas bien ? Que fais-... dans ... pays ? Moi, en général, je ... . Le matin, vers ... heures, ...
... . Tous les ... [jours de la semaine], je ... . Le soir, ... Mais les week-ends, ...
L'après-midi, je ... . Tous les ... [jours de la semaine], je ... . Le soir, ... Mais les week-ends, ...
Et toi ? Que fais-tu pendant la journée, en semaine ? Et le week-end ?
Écris-moi vite !
Salut,
...

UNITÉ 5

C'est du passé !

Dans cette unité tu vas apprendre :

- à raconter ce que tu as fait le week-end dernier
- à décrire ta journée, ton week-end
- à raconter une anecdote
- à parler au téléphone

UNITÉ 5
DÉCOUVRE L'HISTOIRE
Quel week-end !
Encore la même histoire...

Qu'est-ce qu'on est tranquilles quand Paul n'est pas là !

J'ai un super sens de l'orientation !

1 Avant l'écoute
Observe les photos et réponds aux questions.
1. Que font Chloé et Christina ?
2. Où se trouve Paul ?
3. À qui parle Chloé à la fin de l'histoire ? Que se passe-t-il ?

2 Après l'écoute
a. Écoute. Vrai ou faux ? Rétablis la vérité.
1. Chloé est un peu triste quand son frère n'est pas là.
2. C'est la deuxième année que Paul fait une randonnée en forêt.
3. L'année dernière il a fait une randonnée avec un copain et ses parents.
4. Cette année il a emporté un ordinateur portable.

b. Remets l'histoire dans l'ordre.
a. Ils ont marché pendant des heures et finalement les secours ont retrouvé la bande de copains le soir à 10 heures.
b. Cette fois il est accompagné d'adultes et il a emporté avec lui un portable.
c. Mais, encore une fois, il a perdu son chemin et il appelle sa mère avec son portable pour demander des secours.
d. L'année dernière Paul a fait une randonnée avec des copains et ils ont perdus leur chemin.
e. Cette année, Paul fait une nouvelle randonnée.

3 Les expressions
Donne l'équivalent de ces expressions dans ta langue.
1. Ah bon ?
2. Sans blague ?
3. Allô ?
4. Ne quitte pas.
5. Dépêche-toi !

Encore la même histoire...

Dans le salon
CHLOÉ. – Qu'est-ce qu'on est tranquilles quand Paul n'est pas là !
CHRIS. – Tu es méchante ! Il est sympa ton frère ! Avec qui il fait sa randonnée ?
CHLOÉ. – Avec deux copains du collège et leurs parents ! Cette fois avec des adultes ! Parce que l'année dernière, il a fait une promenade en forêt avec des copains... et ça a mal fini !
CHRIS. – Ah bon ? Pourquoi ça a mal fini ?
CHLOÉ. – Il a dit à ses copains : « J'ai un super sens de l'orientation ! », et ils ont marché pendant des heures, mais il n'a pas retrouvé son chemin.
CHRIS. – Sans blague ? Et qu'est-ce qu'ils ont fait ?

CHLOÉ. – Mes parents ont commencé à s'inquiéter et ils ont appelé les secours. La gendarmerie a retrouvé toute la bande le soir à 10 heures.
CHRIS. – Et cette année, il a recommencé ?
CHLOÉ. – Oui, je crois qu'il veut montrer qu'il est capable de s'orienter. En plus, cette fois, il a emporté un portable, mais, je ne sais pas si... *(Le téléphone sonne.)*
LA MÈRE. – Chloé, Chris ? Vous pouvez répondre, je suis dans la cuisine !
CHLOÉ. – C'est bon, maman, j'y vais ! Allô ?
PAUL. – Allô ? Chloé ? C'est moi !
CHLOÉ. – Paul ? Mais qu'est-ce que tu fais ? Tu es où ? Attends, ne quitte pas, j'appelle maman !
...

CHLOÉ. – Maman, dépêche-toi ! C'est Paul !
LA MÈRE. – Paul ? Mais qu'est-ce qu'il lui arrive ?
CHLOÉ. – Je ne sais pas, on entend très mal !
LA MÈRE. - Paul ?
PAUL. – Maman ? Heu... Je suis... en pleine forêt ! Tout seul !
LA MÈRE. – Tout seul ? Mais où sont les autres ? Paul, Paul ! Je n'entends rien ! *(À Chloé et Chris.)* Encore la même histoire !

UNITÉ 5
DÉCOUVRE L'HISTOIRE

... mais il n'a pas retrouvé son chemin.

Paul ? Mais qu'est-ce que tu fais ?

Je suis en pleine forêt ! Tout seul !

④ Communication au téléphone.
a. Remets le dialogue dans l'ordre.

1. Bonjour ! Oui... c'est de la part de qui ?
2. Oui, bien sûr ! Je t'écoute !
3. Allô ?
4. De rien. Au revoir, Chloé.
5. Bon d'accord, je prends note !
6. Oui, ne quitte pas, je te la passe ! (...) Ah... Chloé, je suis désolée, Marine n'est pas là.

a. Le rendez-vous est à cinq heures.
b. Merci, madame.
c. C'est Chloé !
d. Au revoir.
e. Et est-ce que je peux laisser un message ?
f. Allô ? Bonjour madame, est-ce que Marine est là, s'il vous plaît ?

b. Écoute et vérifie.

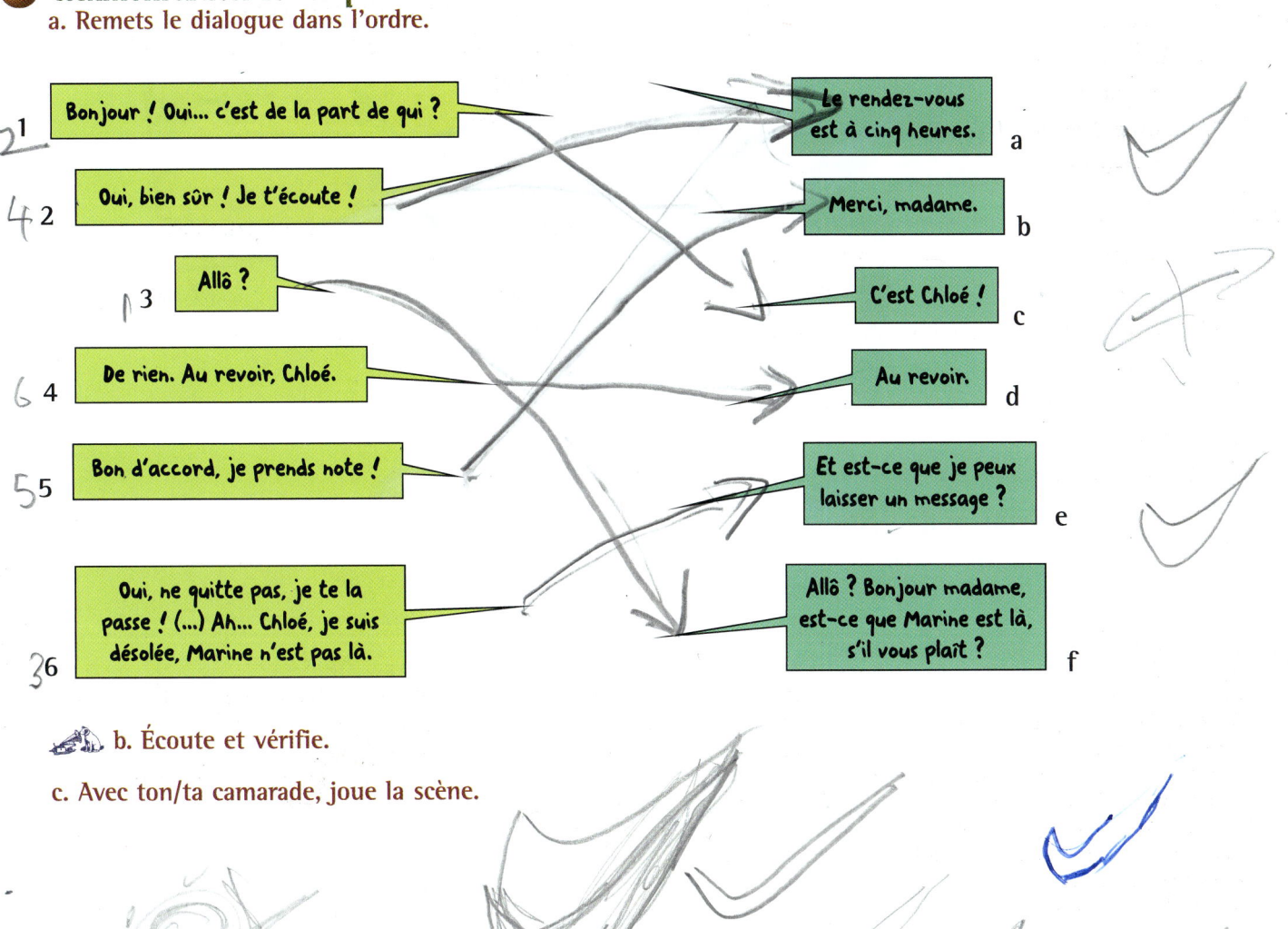

c. Avec ton/ta camarade, joue la scène.

UNITÉ 5
ENTRAÎNE-TOI

2.

3.

1.

4.

5.

7.

6.

❶ Le samedi de Marine et de Rémy

a. Lis l'extrait du journal de Marine.
Observe les photos : quels lieux a-t-elle visités ?

b. Lis à nouveau le journal de Marine.
Remets les photos des lieux qu'elle a visités dans l'ordre.

c. Écoute la journée de samedi de Rémy.
Est-ce qu'il a visité les mêmes lieux que Marine ?

Samedi 1er mai

Promenade en Camargue

Samedi matin, j'ai décidé de me lever de bonne heure : à sept heures. Après j'ai fait une promenade à cheval. J'ai vu des taureaux en liberté, et des flamants roses. Magnifique ! J'ai fait une promenade en bateau sur le canal du Rhône. Sensationnel ! À midi, j'ai déjeuné à Aigues-Mortes dans un petit restaurant très sympathique. L'après-midi, j'ai acheté quelques souvenirs dans un petit marché typique !

La prochaine fois, j'ai envie d'aller voir le pont du Gard et de faire du canoë dans les gorges du Gardon, il paraît que c'est fantastique !

UNITÉ 5

ENTRAÎNE-TOI

❷ Repos : un dimanche à la maison !

a. Observe les dessins. Reconstitue la journée de Marine.

1. Elle a aidé sa mère à ranger la maison.
2. Elle a fini ses devoirs.
3. Elle a joué aux cartes.
4. Elle a fait la grasse matinée.
5. Elle a regardé la télé.
6. Elle a préparé un gâteau.

Rappelle-toi :

J'ai	Nous avons
Tu as	Vous avez
Il/Elle/On a	Ils/Elles ont

Observe :

Le passé composé
avoir + participe passé

J'ai regardé	Nous avons regardé
Tu as regardé	Vous avez regardé
Il/Elle/On a regardé	Ils/Elles ont regardé

b. Écoute et vérifie.

c. Ensuite écoute à nouveau. Qu'est-ce qu'elle a fait d'autre ?

Observe :

| Ensuite | Après |
| Puis | Finalement |

d. Maintenant, lis la fiche avec les activités de Rémy et décris sa journée.

```
9h00  → Prendre petit déjeuner
9h30  → Réparer vélo
11h00 → Faire tour en ville
11h45 → Acheter pain
12h00 → Déjeuner maison
13h30 → Faire la vaisselle
14h00 → Téléphoner Alex
14h15 → Faire les devoirs
16h15 → Retrouver Alex
        sur la place de la mairie
16h30 → Jouer au tennis
```

Observe :

Participes passés

Regarder → regardé	**Attention :**
Déjeuner → déjeuné	Faire → fait
Dormir → dormi	Prendre → pris
Finir → fini	Voir → vu

UNITÉ 5
ENTRAÎNE-TOI

3. Indices

a. Observe la chambre d'Alizée et devine ce qu'elle a fait ce week-end. Utilise les verbes suivants : *prendre, acheter, voir, faire, regarder, manger, visiter, jouer.*

Elle a mangé de la pizza.

b. Écoute : Alizée raconte son week-end à un copain mais elle a une très mauvaise mémoire ! Quelles phrases sont vraies ? Quelles phrases sont fausses ? Rétablis la vérité, si nécessaire.

Phrase 1. *Faux : Elle a visité Notre-Dame.*

Observe :

La négation + passé composé

J'ai joué → Je n'ai **pas** joué
Elle a mangé → Elle n'a **pas** mangé
Combien de mots on emploie en français ?
Où est-ce qu'ils sont placés ?

4. Avec ton/ta camarade. Qu'est-ce qu'il/elle a fait ? Qu'est-ce qu'il/elle n'a pas fait ?

a. Écris trois choses que tu crois que ton/ta camarade a faites hier ou le week-end dernier. Ensuite pose-lui des questions pour vérifier si tu avais raison.

b. Est-ce que vous avez fait les mêmes choses ?

Rappelle-toi :

Oui / Si / Non

| Est-ce que tu as joué au tennis ? | **Oui** !
 Non, je n'ai pas joué au tennis, j'ai joué au foot ! |
| Tu n'as **pas** mangé à la maison ? | **Si**, j'ai mangé à la maison !
 Non, je n'ai pas mangé à la maison, j'ai mangé chez mes grands-parents ! |

5. En tandem

Qu'est-ce qu'elles ont fait ?
Élève A : observe la page 93
Élève B : observe la page 96.

6. Alizée et son frère chez leurs grands-parents

Relie les phrases suivantes :

1. On a passé la journée chez nos...
2. On a promené leur...
3. On a regardé leurs...
4. On a fait nos...
5. On a joué dans leur...
6. Ils ont téléphoné à nos...
7. Ils ont beaucoup apprécié notre...

a. ... vieilles photos.
b. ... parents.
c. ... chien.
d. ... grands-parents.
e. ... visite.
f. ... devoirs.
g. ... jardin.

Observe :

	Singulier		Pluriel	
On/Nous	notre	chien	nos	devoirs
Vous	votre	maison	vos	photos
Ils/Elles	leur		leurs	

7. Devinettes

Comme dans le modèle, fais des débuts de phrases en utilisant un adjectif possessif. Ton/ta camarade doit deviner la suite.

L'été dernier, nous avons passé nos vacances chez nos... (cousins)

DÉCOUVRE LA GRAMMAIRE

Le passé composé

1 a. Écoute. Les actions sont-elles au présent ou au passé ?

b. Complète la règle.

> Passé composé = Sujet + auxiliaire « ... » + ...

c. Complète avec le bon pronom personnel.
1. *Vous* avez fait un bon voyage ?
2. ... as pensé au pain ?
3. ... ai téléphoné hier.
4. ... ont fini ?
5. ... avons bien mangé !
6. ... en a parlé à sa femme ?

Le participe passé

2 a. Élodie raconte sa journée de samedi. Écoute et remet les verbes dans l'ordre.

Avoir Décider Faire Manger Passer Prendre Regarder Retrouver Téléphoner Voir

b. Comment finit le participe passé des infinitifs en « -er » ?
Quel est le participe des verbes *avoir, faire, prendre* et *voir* ?

c. Complète les phrases avec les verbes suivants au passé composé : *avoir, faire, prendre, téléphoner, voir*.
1. Tu *as mangé* à la cantine ?
2. Mes parents ... à tes parents ?
3. Vous ... votre lit hier matin ?
4. On ... des nouvelles de Pierre !
5. J'... un film super !
6. Elle ... quel bus ?

La négation

3 a. Écoute. Est-ce que tu entends une négation ?

b. Complète la règle.

> Passé composé négatif = Sujet + ... + auxiliaire « avoir » + ... + participe passé

c. Dans les dessins suivants, dis ce que les personnages n'ont pas fait.
1. Ils n'ont pas gagné.

Les adjectifs possessifs

4 Écoute et dis s'il s'agit d'un seul possesseur (*je, tu, vous, il, elle*), de plusieurs possesseurs (*nous, vous, ils, elles*) ou si on ne sait pas.

5 Souligne le bon adjectif possessif.
a. Pardon, Madame ! C'est son / votre / sa sac ?
b. Si tu cherches Pierre, son / sa / ses classe, c'est la 5e A !
c. On prend nos / leurs / notre cartables ?

6 Souligne le bon mot.
a. Sa cousin / cousine / cousins vient avec nous au cinéma.
b. Leurs pères / parents / enfants sont en 5e.
c. Ses filles / garçons / fils sont blondes ?
d. Voici les résultats de vos examen / contrôle / interrogations !

UNITÉ 5 — MONSIEUR CATASTROPHE
Le château hanté

1. Lundi, 6 mai... Cher journal, hier j'ai passé une journée sensationnelle... !

2. J'ai fait une excursion avec mon frère Bernard et ma sœur Sosette.
— Dites, le château Lafrousse, n'est pas très loin. On va le visiter ?
— Bonne idée !
— Mais on dit qu'il est hanté !

3. — Hanté ?
— Oui, on parle de fantômes...
— Peuh ! Des bêtises !

4. On a acheté les billets d'entrée à un homme très pâle, presque transparent.
— Il a l'air bien fatigué, non ?
— Trois tickets... ça fait quinze euros, s'il vous plaît.

5. — C'est peut-être un fantôme, hein Sosette ?
— Tu n'es pas marrant, tu sais !

6. On a visité la bibliothèque. Mon frère et moi, on a regardé les beaux livres. Ma sœur a parlé avec le bibliothécaire.
— Alors, vous travaillez tous les jours ?
— Oui, bien sûr !

7. — Mais tous les jours, c'est beaucoup ! Vous devez être très fatigué !
— Non, ça va, je n'ai pas besoin de repos. Et, en plus, j'adore le château... Je visite ses salles, ses chambres, sa bibliothèque tous les jours...

8. On a déjeuné dans le petit restaurant.
— Qu'est-ce que vous voulez prendre ? De la soupe à la mode d'esprit ? Du poulet fantôme ? Du ragoût revenant ?
— Ils sont très originaux, les noms des plats, n'est-ce pas ?

9. L'après-midi on a visité les jardins.
— Vous ressemblez beaucoup au bibliothécaire, non ? Vous êtes frères ?
— Non, je suis aussi le bibliothécaire !

10. — Mais, c'est honteux ! Vous travaillez trop !
— Ha, ha, ha ! Moi, je suis partout, vous voyez...

11. À six heures on a pris la voiture pour rentrer à la maison.
— Elle est gentille, cette dame. C'est dommage que les personnes ne peuvent pas me voir quand je sors du château.

12. C'était bien mais ma sœur n'a pas arrêté de parler.
— Moi j'ai bien aimé le château Lafrousse. Mais c'est injuste... ce pauvre homme...
— Lequel ?
— L'homme du guichet, le bibliothécaire, le garçon, le jardinier... le pauvre, il fait tout... il doit être **MORT** à la fin de la journée !

UNITÉ 5

TU AS BIEN COMPRIS ?

❶ Observe les images.
1. Quel lieu est-ce que monsieur Catastrophe a visité ?
2. Quels lieux du château ont-ils visités ?
3. Combien de personnes est-ce qu'ils ont rencontré ?

❷ Cache la BD.
a. Écoute une première fois. Vrai ou faux ?
1. Catastrophe a visité le château Lafrousse dimanche.
2. Les tickets ont coûté six euros chacun.
3. Josette a peur des fantômes.
4. Le bibliothécaire ne travaille pas tous les jours.

b. Écoute à nouveau. Réponds aux questions.
1. Pourquoi est-ce que monsieur Catastrophe pense que l'homme du guichet est malade ?
2. Qu'est-ce qu'on peut manger au château ?
3. Combien de métiers fait le fantôme ? Lesquels ?

❷ Lis la BD et vérifie tes réponses.

JOUONS AVEC LES SONS

❶ Écoute la chanson.

❷ Comment ça se prononce ?
[ʒ] ou [ʃ] et [ʒə] ou [ʒɛ]

a. Écoute. Est-ce que tu entends je [ʒə] ou j'ai [ʒɛ] ?

b. Écoute. Est-ce que tu entends [ʒ] ou [ʃ] ?

	[ʒ]	[ʃ]
1	C'est un joujou !	C'est un chouchou !
2	J'ai ri !	Chéri !
3	Oui, j'ai du pain !	Oui, chez Dupin !
4	Tu connais ces gens ?	Tu connais ces chants ?
5	La gym ?	La Chine ?
6	C'est Jo !	C'est chaud !

c. Est-ce que tu connais d'autres mots avec le son [ʒ], ou le son [ʃ] ?

❸ Chante la chanson.

Ma chambre elle est chouette !
Ma chambre elle est chouette !
Chaussures, chaussettes : tout sous mon lit,
Jeans et gilets, j'aime le fouillis.
Bonbons, chocolat et trognons de pomme,
Et oui ma chambre, c'est mon royaume !

Ma chambre elle est chouette !
Ma mère est géniale mais énergique,
Et si elle entre, c'est la panique !
Ah quelle horreur, faut tout ranger,
Sinon le soir y'a pas de télé !

Chacun chez lui fait comme il veut,
Mais c'est bien mieux, de ranger un peu.
Chaque chose à sa place, y'a plus de fouillis,
Un vrai château, c'est le paradis !

F.G.

UNITÉ 5
LA VIE EN FRANCE

LE WEEK-END

En France, les jeunes aiment bien profiter du week-end pour s'amuser, sortir, faire les magasins, aller au cinéma, faire du sport, se reposer, lire et écouter de la musique. Le samedi est souvent l'occasion, pour les sportifs, de s'entraîner ou de faire des compétitions et, pour tout le monde, de faire la fête.
Vers 13-14 ans on profite du samedi pour organiser ses premières boums, sans les parents. On s'occupe de l'organisation, des invitations, du choix musical et après… du rangement.
Le dimanche on reste souvent en famille et on fait un gros déjeuner avec les grands-parents, un oncle ou une tante. On reste parfois un peu longtemps à table…

En France…

■ Une grande majorité des Français souhaite que les commerces ouvrent le dimanche.

■ Le dimanche, les Français…
1. …se réunissent en famille ou entre amis ;
2. …font une promenade ;
3. …regardent la télévision ;
4. …font la cuisine ;
5. …font du jardinage ;
6. …écoutent de la musique.

■ La moitié des Français partent de chez eux pour le week-end au moins deux fois par an, l'autre moitié ne part jamais. Ce sont surtout les personnes qui habitent les grandes villes qui partent le plus : ils recherchent l'air pur !

❶ Est-ce que tu es déjà parti(e) en week-end ? Avec ou sans tes parents ?

❷ Quelle est ton activité préférée le week-end ?

❸ Est-ce que, pour toi, le dimanche est un jour comme les autres ou pas ? Explique pourquoi.

❹ Est-ce que tu as déjà organisé ou participé à une boum ? Si oui, raconte tes impressions.

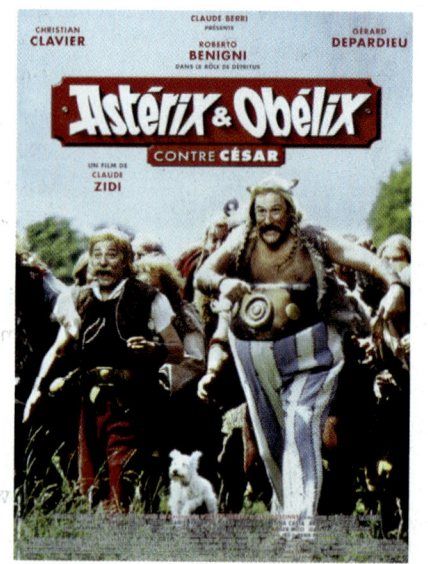

Quand il y a un jour férié en début ou en fin de semaine, beaucoup de Français en profitent pour faire un grand week-end. Ils partent à la campagne, à la mer ou à la montagne : on dit qu'ils « font le pont ».

UNITÉ 5

LA VIE EN FRANCE

Audrey, Mathilde, Damien et Maxime se racontent leur dernier week-end : ils se montrent chacun une photo et font des commentaires.
Regarde les photos et associe-les aux commentaires correspondants.

1. Mathilde à EuroDisney.

2. Maxime en famille.

3. Audrey en kimono.

4. Damien en train de faire ses devoirs.

A. « Samedi matin, j'ai fait la grasse matinée, ensuite, j'ai regardé la télé et j'ai lu des BD. Dimanche matin, je me suis encore levé tard et j'ai fait tous mes devoirs pour le collège (mes parents m'ont obligé !). Je n'aime pas les dimanches !

B. « Moi, samedi, j'ai participé à une compétition de karaté. Regardez la photo, elle est pas mal, non ? C'est ma mère qui l'a prise. Et puis, dimanche, je suis restée chez moi. J'ai fait mes devoirs le matin, et l'après-midi, mes parents, mon frère et moi, on s'est promenés. »

C. « Ce week-end je suis allé chez ma tante, près d'Auxerre. Dimanche, on a fait un repas de famille pour l'anniversaire de ma grand-mère. J'ai vu mes cousins et ma cousine et après le repas de midi on a fait du vélo. On est restés dîner le soir et juste après on est rentrés. »

D. « Samedi, ce n'était pas très amusant : je suis allée au marché avec mes parents et j'ai un peu travaillé pour l'école. Mais dimanche, c'était génial ! On a passé toute la journée à s'amuser et à faire les différentes attractions. Ce qui m'a le plus impressionnée ? La visite de la maison hantée... »

Télévision

Le week-end, les jeunes regardent souvent la télévision, surtout quand il ne fait pas beau. Les feuilletons populaires sont souvent d'origine américaine : *Dawson* (TF1), *Friends* (France 2), *Hartley Cœur à vif* (France 2), *Buffy contre les vampires* (M6), mais aussi parfois français comme la série *Sous le soleil* (TF1).

5 Est-ce que tu regardes beaucoup la télévision le week-end ? Plus que la semaine ?

6 Quel est ton programme de télévision préféré ?

7 Est-ce que tu connais un ou plusieurs des feuilletons cités ci-dessus ?

UNITÉ 5
BILAN
Maintenant tu peux...

1 ... parler au téléphone.
a. Associe les questions et les réponses.
a. Est-ce que Florian est là, s'il vous plaît ?
b. Est-ce que je peux parler à Lucille ?
c. Est-ce que je peux lui laisser un message ?
d. Allô ?
e. C'est de la part de qui ?
f. Merci madame, au revoir.

1. Au revoir.
2. Non, désolé, il n'est pas là.
3. Oui, bien sûr !
4. C'est Pierre !
5. Oui, je te la passe.
6. Allô, bonjour monsieur !

b. Joue la scène suivante : téléphone chez un copain pour lui demander d'aller travailler avec toi à la bibliothèque.

- les expressions au téléphone

2 ... parler de faits passés.
a. Raconte ce qu'à fait Grégoire hier.
Hier, Grégoire a eu cours le matin. Ensuite…

b. Décrire un horaire au passé.
Raconte ce qu'a fait Anne-Laure pendant son voyage à Paris.
Samedi à 8 heures, Anne-Laure…

> Samedi 9 mai :
> 8 h : petit déjeuner à l'hôtel
> 9 h : visite du musée d'Orsay
> 11 h : photos dans le Jardin des Tuileries
> 13 h : déjeuner sur les Champs-Élysées
> 15 h : tour de la place de l'Étoile
> 16 h : observation de Paris depuis l'Arc de triomphe

- le passé composé
- l'heure

3 ... parler de ce que tu as fait pendant le week-end dernier.
a. Raconte ton dernier week-end à la maison.
b. Raconte ta dernière excursion. Qu'est-ce que tu as visité ?

- le passé composé
- les actions quotidiennes
- les verbes en relation avec les voyages, les excursions (visiter, voir,…)
- les organisateurs du discours (hier, la semaine dernière, le week-end dernier / ensuite, puis, après, finalement…)

4 ... dire ce qu'on a fait ou ce qu'on n'a pas fait.
Observe ces personnages. Qu'est-ce qu'ils ont fait ou qu'est-ce qu'ils n'ont pas fait ?

- le passé composé et la négation

5 ... exprimer la possession.
Complète les phrases avec un adjectif possessif.
Ils regardent les photos de … vacances.
Nous allons à la plage avec … cousin.
Monsieur, … femme au téléphone !
Elles regardent … émission préférée.
Vous avez fini … devoirs ?

- les adjectifs possessifs

Les mots

La communication au téléphone

Les activités du week-end

UNITÉ 6

Les vacances

Dans cette unité tu vas apprendre :

- à parler de tes activités pendant les vacances
- à localiser des faits dans le temps et dans l'espace
- à parler de tes projets, à raconter des événements futurs
- à comprendre et à donner des informations sur la météo

UNITÉ 6

DÉCOUVRE L'HISTOIRE
C'est le départ !
Qu'est-ce que tu vas faire ?

À la maison

À la gare de Montpellier

Et qu'est-ce que tu vas faire cet été ?

Du 1er au 15 août, on va à Rome et à Venise.

Paul, prends la valise de Chris !

Maman, qu'est-ce qu'on va faire pendant les vacances ?

1 Avant l'écoute
Observe les photos et réponds aux questions :
1. Où va Chris en août ?
2. Où Paul veut-il aller pendant les vacances ?
3. Que cherche Chris sur la photo 6 ?
4. Qui va à la voiture chercher la valise de Chris ?

2 Après l'écoute
1. Qui est chargé de prendre la valise de Chris ?
2. Où vont Chloé et sa famille pendant les vacances ?
3. Quelles activités fait normalement Chloé pendant ses vacances ?
4. Qu'est-ce qu'il se passe à la fin de cet épisode ? Où va Paul ?

3 Résumé
Complète le résumé de l'histoire.

C'est la fin de l'année scolaire et Christina repart chez elle. Elle est très contente de son ... en France et elle invite Chloé chez elle pendant les ... . Cette année, au mois d'août, elle va en ... avec ses parents et, après le 15, elle est à la maison. Mais les parents de Chloé ne savent pas s'ils vont aller à la ... ou à la plage. Paul, lui, préfère aller à l'île de Ré parce qu'ils peuvent faire du ..., aller à la ..., se promener. Finalement ils accompagnent Chris à la ... pour prendre son train ; mais Chris a oublié sa petite ... et Paul va la ... à la voiture. Il monte dans le train pour la donner à Chris, mais il n'a pas le temps de descendre et il part jusqu'à la gare suivante : à ... km !

C'est le départ !

À la maison
CHLOÉ. – Bon, Chris, dans deux jours, c'est le départ !
CHRIS. – Oui, après demain ! Mais tu peux venir me voir pendant les vacances, si tu veux !
CHLOÉ. – Je ne sais pas où on va cette année, mais merci pour ton invitation !
LE PÈRE, *à Chris.* – Et qu'est-ce que tu vas faire cet été ?
CHRIS. – Mes parents veulent faire du tourisme à l'étranger : du 1er au 15 août, on va à Rome et à Venise. Mais le 15 août on est de retour à la maison !
LE PÈRE. – Oh Venise ! C'est magnifique !

À la gare de Montpellier
LA MÈRE. – Allez, vite, prenez les bagages : on n'est pas en avance ! Paul prend la valise de Chris !
CHLOÉ. – C'est le quai... numéro 2 !
CHRIS. – Alors, vous avez décidé où vous allez partir cet été ?
CHLOÉ. – Ça dépend de mes parents. Maman, qu'est-ce qu'on va faire pendant les vacances ?
PAUL. – C'est vrai. On va où pour les vacances? À la montagne ou à la plage ? On peut aller à l'île de Ré !
CHRIS. – L'île de quoi ?
CHLOÉ. – L'île de Ré. C'est une petite île de l'Atlantique. C'est super, on peut faire des tas de choses : du vélo, aller à la plage, se promener...

Sur le quai
CHRIS. – Mon train est là. Merci pour le séjour et si vous voulez venir me voir... Bon, à bientôt ! Oh ! Et ma petite valise ? Elle n'est pas là !
LA MÈRE. – Paul prends les clés et va à la voiture ! Cours !

Deux minutes plus tard
Paul revient en courant avec la valise de Chris.
LA MÈRE. – Allez monte ! Et dépêche-toi !
...
CHLOÉ. – Paul ! Paul ! Descends !
LA MÈRE. – Paul ! Oh, non ! C'est pas vrai ! Et la gare suivante est à 200 kilomètres !

UNITÉ 6

DÉCOUVRE L'HISTOIRE

4 Les expressions
Donne l'équivalent de ces expressions dans ta langue.

1. Vite !
2. Quelle chance !
3. C'est vrai !
4. Des tas de choses...
5. La barbe !
6. C'est pas vrai !

5 L'expression de la date et de la durée
a. Choisis la réponse correcte.

1. Christina est de retour chez elle...
a. le 1er août.
b. le 10 août.
c. le 15 août.

2. Elle va en vacances...
a. du 15 juillet au 15 août.
b. du 1er au 15 août.
c. du 15 au 30 août.

3. Christina va partir...
a. dans deux jours.
b. dans une semaine.
c. dans un mois.

Observe :
Samedi, dimanche
le 10 janvier, **le** 21 juillet
le 1er mai
du 15 **au** 30 juillet
dans trois jours / deux semaines / un mois

b. Réponds aux questions suivantes :

1. Quel est le jour de ton anniversaire ?
2. Quelles sont les dates des vacances de Noël dans ton pays ?
3. Dans combien de jours est-ce que tu es en vacances ?

6 Communication
Devine la date. Utilise un des verbes suivants au passé composé : *voyager, manger, prendre, faire, voir, fêter, jouer.*

J'ai mangé des crêpes ! → *Le 2 février ! / Pour la Chandeleur !*

J'ai vu des feux d'artifice ! → *Le 14 juillet ! / Le jour de la fête nationale !*

UNITÉ 6

ENTRAÎNE-TOI

1 Les prochaines vacances

a. Associe les phrases aux dessins.

1. Je vais faire du sport.
2. Je vais nager.
3. Je vais visiter des musées.
4. Je vais faire du camping.
5. Je vais bronzer.
6. Je vais retrouver mes copains.

Observe :

Le futur proche
Je vais faire du camping.
Il va visiter un musée.

b. Observe les dessins et dis ce que Jérôme a fait l'an dernier.

Jérôme a fait de la planche à voile.

c. Maintenant observe les dessins. Qu'est-ce qu'ils ont fait l'an dernier ? Qu'est-ce qu'ils vont faire cette année ?

l'an dernier  — *cette année*
l'an dernier  — *cette année*  
l'an dernier  — *cette année* 

Observe :

Je vais	Nous allons
Tu vas	Vous allez
Il/Elle/On va	Ils/Elles vont

2 Interview

a. Écoute. Qu'est-ce qu'ils vont faire pendant les vacances ?

1. Charlotte → *Elle va rendre visite à ses grands-parents.*
2. Pierre-Yves   5. Marc
3. Élodie   6. Noémie
4. Michel   7. Émilie

Rappelle-toi :

aller **à la** montagne
aller **au** bord de la mer
aller **à l'**étranger

b. Fais une liste de cinq activités que tu crois que ton/ta camarade va faire pendant les vacances. Ensuite pose-lui des questions pour vérifier.

Faire du tourisme, visiter des monuments, bronzer, visiter des musées, connaître des gens, aller à la piscine, aller au cinéma, lire des romans, travailler, étudier, faire du sport, sortir le soir…

UNITÉ 6   79
ENTRAÎNE-TOI

3. Soyons logiques !

a. Lis les indications et découvre les vacances de ces quatre familles françaises.

Observe :

Logements	Pays	Dates	Activités
Maison	La France	Du 1er au 15 juillet	Faire du tourisme
Camping	Le Brésil	Du 15 juillet au 15 août	Visiter des monuments
Hôtel	Le Japon	Du 15 au 30 août	Bronzer
Appartement	La Grèce	Du 1er au 15 septembre	Rendre visite à des parents

1. Les Lefèvre ne vont pas à l'étranger.
2. Les Nogaret préfèrent faire du camping.
3. La famille qui va rester en France a un mois de vacances.
4. La famille qui va faire du camping aime visiter des monuments.
5. Les Aubin ne vont pas au Japon.
6. Les Aubin et les Dupont vont dans des pays très éloignés de la France.
7. Les Dupont vont rendre visite à des parents.
8. Les Aubin vont partir en vacances le 15 août.
9. La famille qui va en Grèce va prendre les vacances au mois de septembre.
10. Les Lefèvre n'aiment pas aller à l'hôtel.
11. Les parents des Dupont ont une jolie maison.
12. La famille qui va dans l'appartement aime faire du tourisme.

	Famille Aubin	Famille Nogaret	Famille Lefèvre	Famille Dupont
Lieux de vacances				
Logements				
Dates				
Activités				

b. Réponds aux questions suivantes.

1. Quel pays vont visiter les Nogaret ?
2. Quand partent les Dupont ?
3. Combien de temps partent les Lefèvre ?
4. Où vont les Dupont ?
5. Chez qui vont les Dupont ?
6. Qu'est-ce que les Aubin vont faire?
7. Quelle famille va en France ?

c. Pose cinq questions à ton/ta camarade avec les pronoms suivants : *quand, combien de temps, où, chez qui, qu'(est-ce que).*

4. Tu vas en Italie ?

a. Observe les phrases et complète le tableau.

1. Je vais aller aux États-Unis.
2. Ils vont en Italie.
3. Vous allez en vacances au Pérou ?
4. Tu vas en Grèce ?

Pays ...	Aller ... Italie Aller ... France
Pays ...	Aller ... Pérou Aller ... Portugal
Pays pluriel Archipels	Aller ... États-Unis Aller ... Canaries

b. Où ils vont aller ? Qu'est-ce qu'ils vont faire ?

Pays : l'Égypte, le Japon, le Kenya, la Suisse.
Actions : connaître des gens, faire du tourisme, respirer de l'air pur, voir des animaux sauvages.

UNITÉ 6
ENTRAÎNE-TOI

5 Souvenirs de vacances !

Lisbonne, le samedi 15 juillet

Chers Cyril et Delphine,

Nous sommes au Portugal chez notre cousin depuis mercredi dernier. Nous nous voyons tous les étés et nous adorons être avec lui. Le problème c'est qu'ici il pleut depuis deux jours et on doit rester à la maison. Mais mon cousin a beaucoup de copains très sympas et nous nous amusons beaucoup tous ensemble.

Cet après-midi, on a l'intention de faire une promenade à vélo, mais je ne sais pas si ça va être possible parce qu'il y a des nuages et il ne fait pas très chaud !

Après-demain, nous allons fêter l'anniversaire de notre oncle et, s'il fait beau, nous allons organiser un pique-nique à la campagne. Il y a des coins supers par ici !

Bon, nous espérons que vous aussi vous passez de bonnes vacances en Belgique. Grosses bises et à bientôt !

Julie et Vincent

a. Lis la carte postale et réponds aux questions.
1. Qui écrit à qui ?
2. Où se trouvent Julie et Vincent ?
3. Où se trouvent Cyril et Delphine ?
4. Avec qui Julie et Vincent passent-ils leurs vacances ?
5. Pourquoi est-ce qu'ils doivent rester à la maison ?

b. Observe les deux cartes. Quel temps fait-il?

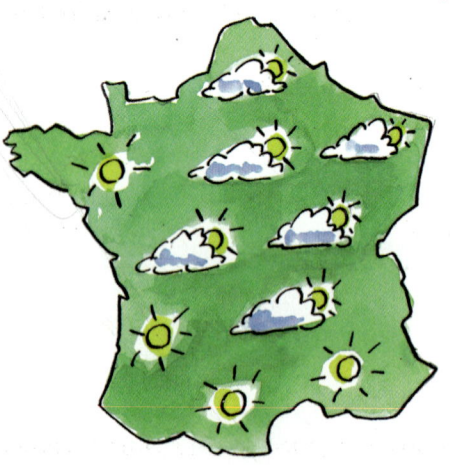

Aujourd'hui   **Demain**

Aujourd'hui, il y a du soleil au sud.
Demain, il va y avoir des nuages.

6 En tandem
Les vacances arrivent !
Élève A : Observe la page 93.
Élève B : Observe la page 96.

UNITÉ 6

DÉCOUVRE LA GRAMMAIRE

Le futur proche

1 Écoute. Tu entends le présent ou le futur proche ?

2 Mets les phrases suivantes au futur proche.
1. Cette année, je vais en Espagne. →...
2. Au mois d'août, nous partons voir ma famille. →...
3. Mes parents ne travaillent pas en juillet. →...
4. On va à la plage tous les jours. →...
5. Cet été vous voyagez à l'étranger. →...

3 Que va faire Christina pendant ses vacances ?

Les prépositions et les pays

4 Choisis la réponse correcte.
1. Tu viens en vacances avec nous ? On va en...
a. Portugal.   b. Canaries.   c. Allemagne.
2. Je vais rendre visite à ma famille au...
a. États-Unis.   b. Tunisie.   c. Maroc.
3. Cet été, mes parents veulent aller aux...
a. Canada.   b. Baléares.   c. Espagne.
4. Ce n'est pas vrai ? Tu vas en...
a. Égypte.   b. Pérou.   c. Chili.

5 Complète avec l'article ou la préposition qui convient.
1. J'ai adoré ... Angleterre : c'est très différent de ... France !
2. Il a passé ses vacances ... Hollande.
3. Mon père part travailler deux mois ... Japon !
4. Vous avez aimé ... Grèce ?
5. ... Costa Rica est un pays magnifique !

Les pronoms interrogatifs

6 Lis les phrases suivantes et complète le tableau avec les mots en gras.
a. **Quels** pays tu vas visiter ?
b. Dans **quelle** région habite ta famille ?
c. **Quelles** villes tu connais ?
d. **Quel** jour tu pars ?

	Masculin	Féminin
Singulier	...	...
Pluriel	...	...

7 Complète avec *quel, quels, quelle, ou quelles*.
a. Tu as visité ... villes de la Côte d'Azur ?
b. ... monument est l'emblème de la France ?
c. Tu sais ... langues on parle en Belgique ?
d. Dis-moi ... semaine tu peux venir me rendre visite.
e. ... projets vous avez pour les prochaines vacances ?

8 Associe les questions aux réponses.
1. Et qu'est-ce que tu vas faire cet été ?
2. Et avec qui ?
3. Quand est-ce que vous partez ?
4. Et combien de temps ?
5. Quelles villes vous pensez visiter ?
6. Et où vous allez, chez des amis ou de la famille... ?

a. Avec mes parents !
b. Un mois, jusqu'au 15 août.
c. Non, on va à l'hôtel.
d. Je vais faire du tourisme en France !
e. Paris, le Mont-Saint-Michel et La Rochelle !
f. Cette année, mes parents ont pris leurs vacances à partir du 15 juillet.

9 Retrouve les questions posées.
- ... ?
- Oui, je vais chez mes grands-parents et après je pars avec mes parents.
- ... ?
- En août !
- ... ?
- Un mois !
- ... ?
- Une semaine avec mes grands-parents et trois semaines avec mes parents.
- ... ?
- La France et l'Italie !
- ... ?
- À Chamonix dans les Alpes, et à Florence et à Milan en Italie.
- ... ?
- Je vais faire de la randonnée dans les Alpes et du tourisme en Italie.

UNITÉ 6
MONSIEUR CATASTROPHE
Vive les vacances !

— Allô ? Allô ? C'est le camping "Chouette" ?
— Oui, monsieur, qu'est-ce que vous voulez ?

— Je veux réserver des places, s'il vous plaît !
— Oui, quand ça ?
— Du 15 au 30 août !

— Combien de personnes ?
— Attendez, voyons ! Mon papa, ma maman, ma cousine Sylvie, Patrick, Patricia. Ça fait cinq ! Ah, non... et moi aussi ! Ça fait six personnes.

— Pas de problème, monsieur, six personnes du 15 au 30 août !

♪ ... sur la plage... ♪

— Bon, mes petits, samedi on va partir en vacances. La mer, la plage, le soleil... On fait les valises ?

— Le samedi...
— Bon, voyons ! Une, deux, trois, quatre valises. Maman, papa, Sylvie...

— Plus tard...
♪ ... sur la plage... ♪

— Moi, j'aime bien faire du camping. C'est pas cher et on dort sous les étoiles ! C'est très romantique !

— Bienvenus au camping "Chouette" ! Voilà les tentes. Ici, vous avez les douches. C'est 2,5 euros la douche. Et là le restaurant. Un café, c'est 1,2 euros.
!!!

— Faire du camping ? Pas cher ?
— Ben... mais on dort sous les étoiles ! C'est romantique, non !
— MIAOU !

UNITÉ 6

TU AS BIEN COMPRIS ?

1) Observe les images.
1. Où est-ce que monsieur Catastrophe et sa famille vont passer leurs vacances ?
2. Comment est le camping ?

2) Cache la BD.
a. Écoute une première fois. Vrai ou faux ?
1. Six « personnes » accompagnent monsieur Catastrophe en vacances.
2. Ils partent en vacances un samedi.
3. Il faut payer 4 euros pour se doucher au camping.

b. Écoute à nouveau. Réponds aux questions.
1. Comment s'appelle le camping ?
2. Quand est-ce que monsieur Catastrophe et sa famille prennent leurs vacances ?
3. Pourquoi est-ce que monsieur Catastrophe aime bien faire du camping ?

3) Lis la BD et vérifie tes réponses.

JOUONS AVEC LES SONS

1) Écoute la chanson.

2) Comment ça se prononce ?
Les voyelles nasales

a. Écoute la différence.

	Voyelle orale	Voyelle nasale
1.	C'est beau.	C'est bon.
2.	Il a…	…13 ans
3.	Il est là.	Il est lent.
4.	La paix	Le pain
5.	Deux	Un

b. Écoute et coche.

	Voyelle nasale	
	Vrai	Faux
1.	+	
2.		
…		
11.		

3) Chante la chanson.

Cinq continents

Cinq continents
Font la ronde
Autour du monde,
L'Europe et l'Afrique.
L'Afrique et l'Amérique.
L'Amérique et l'Asie,
L'Asie et l'Océanie.
Le monde est immense et si petit
Au milieu de l'infini.

Corinne Albaut, Comptines pour compter, Actes Sud Junior.

UNITÉ 6
LA VIE EN FRANCE

LES VACANCES

Que faites-vous pendant vos vacances ?

C'est bientôt les vacances !
Les attendez-vous ?
Savez-vous déjà ce que
vous allez faire ?
Avez-vous des rêves de vacances
au bout du monde ?
Quatre adolescents nous
ont répondu, voici leurs réponses :

En France...

■ 9 % des gens partent à la montagne pendant les vacances d'hiver.
■ 50 % des Français partent en vacances entre le 1er mai et le 30 septembre.
■ 34 % des séjours de vacances d'été se font à la mer.

Les départements de France les plus touristiques sont :
1. le Var (Toulon, Saint-Tropez) ;
2. la Charente-Maritime (La Rochelle) ;
3. la Vendée (Les Sables-d'Olonne) ;
4. le Finistère (Brest) ;
5. les Alpes-Maritimes (Nice).

« Je vais à la mer avec ma sœur »

« On ne sait pas encore où on va cet été, mais on sait qu'on part tous ensemble, mes parents et ma sœur, dans une maison au bord de l'eau. Pour moi, l'essentiel c'est de m'amuser avec ma sœur. Je me rappelle de crises de fous rires avec elle, après une course sur la plage, il y a deux ans en Guadeloupe… J'aimerais partir en Floride, aux États-Unis où il y a encore plus de soleil qu'ici. C'est ce que m'a dit un copain de classe. »
Laura, 12 ans, Plœuc-sur-Lié (22).

« J'ai envie de faire du Kart »

« Je pars d'abord une semaine avec mes parents dans les Alpes pour un mariage. On va sans doute faire des randonnées, même si je n'aime pas beaucoup la marche. Le reste du temps, je vais faire des activités organisées dans ma ville, surtout du sport. J'aimerais bien faire du kart ou du quad, une moto à quatre roues. Dans quelques années, j'espère pouvoir partir seul avec plein de copains. À la mer, par exemple. Sans les parents, on est beaucoup plus libre pour s'amuser. »
Pierre, 14 ans, Questembert (56).

Tout le monde ne peut pas partir en vacances. En France, un enfant sur trois est resté chez lui l'été dernier. Si vous avez la chance de partir en vacances en famille, sachez que vos parents peuvent emmener un enfant avec vous. Informations au 33 1 44 78 27 15.

UNITÉ 6
LA VIE EN FRANCE

« Mon rêve : la nature »

« Au tout début des vacances, je dors plus longtemps : je me lève vers 11 heures (au lieu de 6 h 45 pendant l'année scolaire). Pendant un mois, on part dans notre maison de campagne. On la rénove. Cet été, je vais travailler sur une horloge. En fin de journée, on va tous se baigner dans un lac. »
Anaïs, 13 ans, Ermont (95).

« Je vais faire de l'aviron en Corse »

« Les vacances, ça veut dire du temps libre et, en même temps, je sais que je vais être loin de mes amis ! Comme chaque année, je pars en Corse dans une maison de famille. Au programme : plage et balades dans la montagne. L'an passé, j'ai fait de l'aviron pour la première fois. Au début, j'ai trouvé un peu dur : j'avais mal aux bras. Mais après, j'y ai vite pris goût. D'ailleurs, j'ai très envie de recommencer. J'ai deux rêves ; plonger à Tahiti (Polynésie française) et faire un séjour en Italie. »
Antoine, 13 ans, Préserimme (31).

❶ Tu as lu les réponses de Laura, de Pierre, d'Anaïs et d'Antoine alors tu peux compléter le tableau suivant et répondre à la question : Pendant les vacances qui va... ?

	Dormir	S'amuser en famille	Avoir du temps libre	Faire des activités sportives	Partir à la mer	Faire de la randonnée	Aller à la campagne
Laura							
Pierre							
Anaïs							
Antoine							

❷ Avec qui as-tu envie de partir en vacances ? Quel programme préfères-tu ?

❸ Et toi, que vas-tu faire pendant les vacances ?

UNITÉ 6
BILAN
Maintenant tu peux...

① ... exprimer la date.

a. Observe ces dates. De quoi il s'agit ?
Du 22 décembre au 4 janvier, ce sont les vacances de Noël.
- 22 décembre - 4 janvier
- 4 - 16 février
- 4 - 18 avril
- 14 juillet
- 29 juin - 3 septembre.

b. Cite deux événements (importants pour toi) qui vont avoir lieu dans un futur proche.

- *le futur proche*
- *l'expression de la date*

② ... parler des vacances.

a. Observe ces photos. Où préfères-tu aller ? Dis pourquoi.

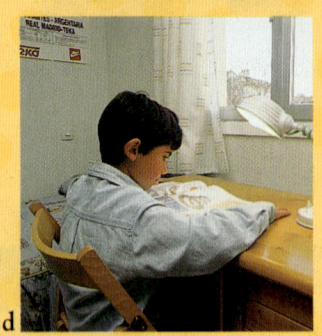

b. Raconte où tu vas habituellement pendant tes vacances, ce que tu fais, avec qui tu pars, quand, combien de temps...

- *l'expression des goûts et des préférences*
- *la justification*
- *le présent*

③ ... parler de tes projets, de tes intentions.

a. Cite trois activités que tu vas faire ces vacances.
b. Pose quatre questions à ton/ta camarade à propos de ses vacances.

- *le présent et le futur proche*
- *les activités de vacances*
- *l'interrogation*
- *l'expression de la date*

④ ... parler du temps qu'il fait.

a. Dis quel temps il fait sur ces dessins.

b. Dis quel temps il fait aujourd'hui dans ta ville.

c. Dis quel temps il va faire dans les prochains jours.

- *la météo*
- *le présent*
- *le futur proche*

Les mots

les activités des vacances

la météo

CHANSON

Aline

J'avais dessiné sur le sable
Son doux _____ qui me souriait
Puis il a plu sur cette plage
Dans cet _____, elle a disparu
Et j'ai crié, crié, Aline, pour qu'elle revienne
Et j'ai pleuré, pleuré... Oh ! j'avais trop de _____

Je me suis assis auprès de son _____
Mais la belle dame s'était enfuie
Je l'ai cherchée sans plus y croire
Et sans un _____, pour me guider
Et j'ai crié, crié, Aline, pour qu'elle revienne
Et j'ai pleuré, pleuré... Oh ! j'avais trop de _____

Je n'ai gardé que ce doux _____
Comme une _____ sur le sable mouillé
Et j'ai crié, crié, Aline, pour qu'elle revienne
Et j'ai pleuré, pleuré... Oh ! j'avais trop de _____

Et j'ai crié, crié, Aline, pour qu'elle revienne
Et j'ai pleuré, pleuré... Oh ! j'avais trop de _____...

Christophe
© Éditions Universal, MCA.

Activités

1 Observe les mots suivants.
a. Tu sais ce qu'ils veulent dire ?
orage   âme   espoir   épave   visage   peine

b. Avec ton/ta camarade, avant d'écouter la chanson, essaie de placer les mots.

c. Écoute la chanson et vérifie tes réponses.

2 Réponds aux questions.
a. Pourquoi est-il triste ?
1. parce que son dessin s'est effacé ;
2. parce qu'Aline est partie ;
3. parce qu'il a les pieds mouillés.

b. Quel pourrait être l'autre titre de cette chanson ?
1. Chagrin d'amour.
2. Le retour d'Aline.
3. Les vacances sur la plage.

3 Est-ce que tu penses qu'il va rencontrer quelqu'un d'autre ? Est-ce que tu crois qu'Aline va revenir ? Pourquoi ?

PROJET 3
FÊTES ET TRADITIONS

La fête des rois

Le premier dimanche de janvier on fête l'Épiphanie : on mange la galette des Rois et celui ou celle qui trouve la fève cachée à l'intérieur est couronné/e roi ou reine.

Le 2 février, c'est la fête de la Chandeleur et on mange des crêpes. Chacun fait sauter une crêpe avec un objet en or dans la main (un Louis d'or de préférence, ou une bague etc.) : ça porte bonheur ! Mais attention : il ne faut pas faire tomber la crêpe !

« Poisson d'avril ! »

Le premier avril, c'est le jour des farces : la plus courante est d'accrocher un poisson en papier dans le dos de quelqu'un. Ce jour-là, tout le monde fait des farces ou raconte des choses invraisemblables : les journaux, la radio...

Pâques

Le dimanche de Pâques est, avec Noël, un des jours préférés des enfants (et des parents !). La tradition dit que les cloches qui reviennent de Rome en volant laissent aux enfants des œufs en chocolat. Les enfants doivent chercher les œufs cachés dans le jardin ou dans la maison.

PROJET 3 — FÊTES ET TRADITIONS

La fête de la musique

Le 21 juin c'est la fête de la musique. Tout le monde (professionnels ou amateurs, solistes ou groupes, chanteurs de jazz, de rock, de rap ou de reggae...) descend dans la rue et joue d'un instrument, chante, danse...

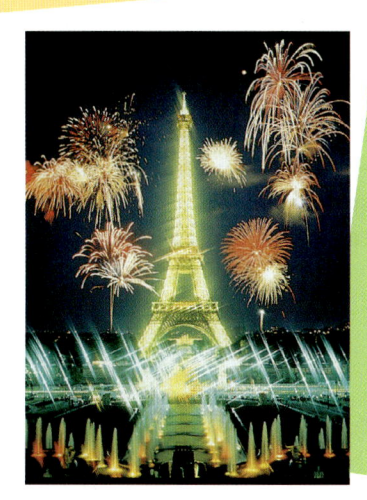

La fête nationale

Le 14 juillet, c'est le jour de la fête nationale : il y a des défilés militaires pendant la journée, des bals populaires et des feux d'artifices le soir. On commémore la prise de la Bastille, lors de la Révolution française de 1789.

Noël

Le 25 décembre au matin, les enfants reçoivent les cadeaux que le père Noël leur a apportés pendant la nuit.

Activités

Une classe de jeunes français vous a envoyé des photos accompagnées de petits textes sur leurs fêtes et leurs traditions.
Maintenant c'est à vous de leur présenter les fêtes et traditions de votre pays ou de votre région :

1. Faites une liste de toutes vos fêtes et traditions.
2. Choisissez celles qui vous semblent les plus intéressantes (5 ou 6).

Par groupe de quatre :

3. Occupez-vous d'une fête ou d'une tradition : faites un petit texte explicatif et illustrez-le avec des photos, des dessins...
4. Si vous avez une page Web, ajoutez maintenant vos documents ; sinon faites une exposition pour votre classe : coller les textes et les illustrations sur une affiche.

ÉVALUATION 3

Vers le DELF A1...

PRODUCTION ORALE

1 Avec un(e) camarade. Choisis un sujet et joue l'un des rôles.
1. Qu'est-ce que tu as fait de particulier cette semaine ? Est-ce que tu vas faire quelque chose d'intéressant la semaine prochaine ?
2. La fin de l'année scolaire approche. Fais un bilan des choses que tu as faites. Quelles bonnes résolutions penses-tu prendre pour l'an prochain ?
3. Tu parles avec un ami francophone ; tu lui racontes ce que tu fais normalement chaque année pendant les vacances, et ce que tu vas faire cette année.
4. C'est la fin des vacances. Tu téléphones à ton/ta correspondant(e) de français et tu lui racontes ce que tu as fait pendant tes vacances.

COMPRÉHENSION ORALE

2 Écoute et choisis les bonnes réponses.
Paul est *content/triste/indifférent* car il n'a pas assez *d'argent/d'amis/de temps* pour aller à *Aix/Cannes/Angoulême* voir le festival de *BD/théâtre/films*. Il veut partir avec *trois filles et deux garçons/trois garçons et deux filles*. Le voyage coûte *500/600/700* euros et pour gagner de l'argent, son copain, Mathieu, lui propose de *faire du jardinage/garder des enfants/travailler dans un fast-food*. Paul pense travailler *les après-midi/le soir/les week-ends*.

COMPRÉHENSION ÉCRITE

3 Remets les phrases de cet article dans l'ordre. (Pour t'aider, la première et la dernière phrase sont déjà placées dans le tableau.)
1. m'obliger à ranger ma chambre ! » Les policiers ont pu constater le désordre et, à leur tour, lui ont
2. (22/05/2007) Les passants de la ville de Brunswick (dans le centre de
3. de neuf ans, accompagnée de son jeune frère, appeler « Au secours ! » à la fenêtre
4. l'Allemagne) ont été très surpris quand ils ont vu une fillette
5. demandé de ranger sa chambre qui, selon l'un d'eux, « ressemblait à un champ de bataille » ! Quand ils sont revenus deux heures
6. plus tard, ils ont pu vérifier que tout était en ordre et que la fillette et sa mère étaient réconciliées.
7. aux policiers : « Je suis fâchée avec ma mère car elle veut
8. de sa chambre. Ils ont rapidement appelé la police qui est tout de suite arrivée sur les lieux. C'est alors que la fillette a expliqué

2							6

PRODUCTION ÉCRITE

4 Tu écris un mail à un(e) ami(e) francophone. Choisis un sujet. Tu peux inventer !
(70 mots au minimum)
1. Ton chat s'est perdu, raconte comme cela c'est passé.
2. Tu t'es cassé le bras : où, quand, comment ? Raconte.
3. Raconte-lui ce que tu as fait le week-end dernier.
4. Dis-lui ce que tu as l'intention de faire les prochaines vacances.

EN TANDEM

ÉLÈVE A

Unité 1/page 9/Activité 6
Cartes d'identité

1 Choisis une identité (un nom, un âge, une ville, une nationalité) et remplis ta fiche.

Noms	Ages	Villes	Nationalités
Greta Muller	11 ans	Paris	Française
Michel Brun	12 ans	Valence	Allemande
John Smith	13 ans	Francfort	Anglaise
Thierry Lepain	14 ans	Londres	Costaricaine
Marta Garcia		Liverpool	Japonaise
Laurence Blanc		Marseille	
Naomi Mitsouko		Lyon	
Eduardo Vargas		Kyoto	
Susan Mathews		San Jose	

Toi
IDENTITÉ
NOM :
AGE :
VILLE :
NATIONALITÉ :

Ton/Ta camarade
IDENTITÉ
NOM :
AGE :
VILLE :
NATIONALITÉ :

2 Pose des questions à ton/ta camarade pour découvrir : son nom, son âge, sa ville et sa nationalité.

Unité 1/ page 12/Activité 9
Qui est-ce ?

1 Décris ta famille à ton/ta camarade. Il/elle la devine.

2 Écoute la description de la famille de ton/ta camarade et trouve les personnes qui la composent. De quelle famille il s'agit ?

Ta famille

? ? ?

ÉLÈVE A — EN TANDEM

Unité 2/page 24/Activité 8
Loisirs

1 Observe le dessin et dis à ton/ta camarade ce que fait chacune de ces personnes.
Natacha écoute de la musique.

2 Écoute ton/ta camarade et note le prénom manquant des autres personnes. Qui sont Étienne, Sophie, Pierre, Stéphanie et Corinne ?

Unité 3/page 39/Activité 6
La famille Trucmuche

Voici les membres de la famille Trucmuche : le grand-père, la grand-mère, le père, la mère, l'oncle, la tante, le fils, la fille et les cousines.
Pose des questions à ton/ta camarade pour savoir ce que chacun fait et à quel moment de la journée.

Quand est-ce que le fils commence les cours ?
Est-ce que les grands-parents regardent la télé le soir ?

Quand ?	Qui ?	Quoi ?
	Le fils	Commencer les cours
Le soir	Le grand-père et la grand-mère	
	La mère	Faire la sieste
Le matin		Préparer le petit déjeuner
	L'oncle	Prendre sa douche
L'après-midi	La fille	
À minuit	La tante	
À huit heures du soir		Se coucher

Unité 4/page 51/Activité 5
La classe de Xavier

Pose des questions à ton/ta camarade pour retrouver les élèves de la classe. Utilise une question différente à chaque fois.
*Qui est **à côté de** Xavier ?*
*Qui est **devant** …, **derrière** …, **à droite de** …, **à gauche de** …*

Les élèves qui manquent sont : Virginie, Bénédicte, Martial, Agathe, Ninon.

Tableau
Bureau de la prof

Ingrid	Quentin	Éliette	Kévin	Audrey	
	Xavier	Maxime	Matthieu	Marina	Claire
Tanguy	Geoffroy	Charlotte	Manon	Pierre-Yves	
Nicolas	Amandine	Alban		Florent	Alexandre
Justine	Solène		Cyrille	Victor	Delphine

EN TANDEM 93

ÉLÈVE A

Leo

Unité 5/page 68/Activité 5
Qu'est-ce qu'elles ont fait ?

Patricia et Laurence ont passé une partie de la journée ensemble, mais elles n'ont pas fait exactement les mêmes choses.

① Observe le contenu du sac de Patricia et dit ce qu'elle a fait pendant sa journée. Ensuite, à tour de rôle :

a. Pose des questions à ton/ta camarade pour savoir ce que Laurence a fait et note tes réponses. Utilise les verbes suivants : *faire, voir, jouer, manger, visiter, avoir un rendez-vous, acheter, écouter, prendre, nager, lire.*

b. Réponds par « oui » ou « non » aux questions de ton/ta camarade sur la journée de Patricia.

② Quelles sont les activités qu'elles ont faites ensemble ?

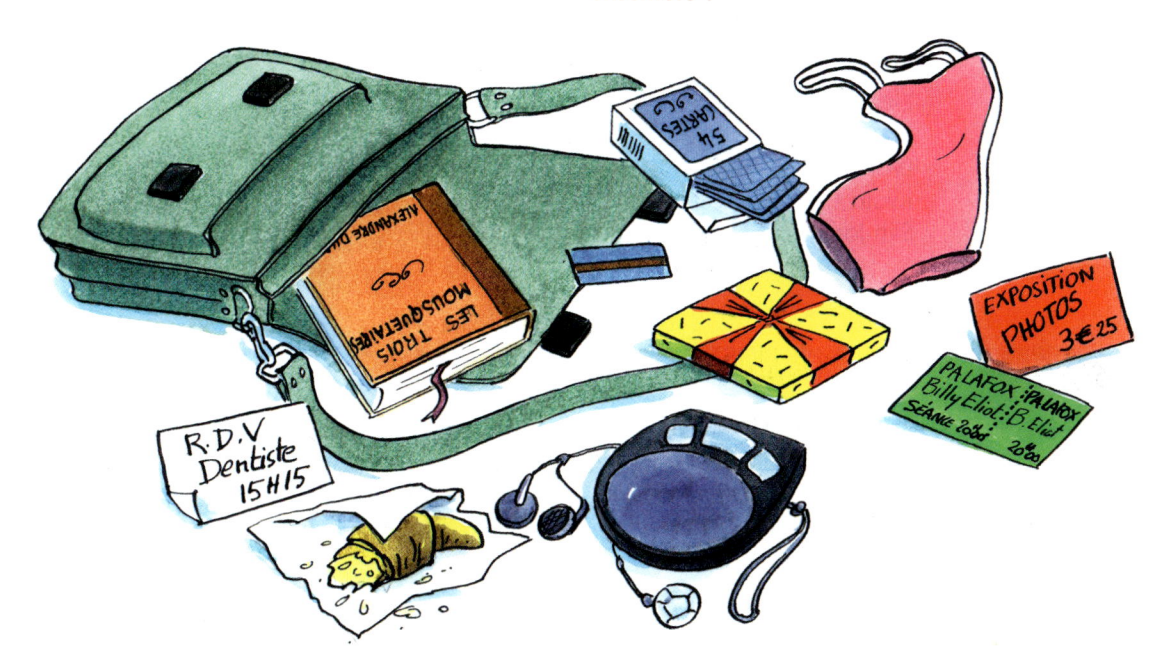

Unité 6/page 80/Activité 6
Les vacances arrivent !

Voici les projets de vacances de quatre jeunes Français.

① Avec ton/ta camarade, à tour de rôle, posez-vous des questions et complétez vos tableaux.
Où est-ce que Jade va passer ses vacances ?
Est-ce qu'Antoine va voyager en avion ?

② Qui a un mois de vacances ?

Nom	Antoine	Jade	Jean-Luc	Fabienne
Destination	Bretagne (France)			Tunisie
Moyen de Transport		En train	En avion	
Date du départ	1er août	15 août		
Séjour		Quatre semaines		Deux semaines
Logement	Camping		Chez des amis	
Activités		Rendre visite à la famille		Visiter les ruines romaines de Carthage
		Prendre des photos de Bruxelles		Faire une excursion dans le désert

ÉLÈVE B

Unité 1/page 9/Activité 6
Cartes d'identité

1 Choisis une identité (un nom, un âge, une ville, une nationalité) et remplis ta fiche.

Noms	Ages	Villes	Nationalités
Greta Muller	11 ans	Paris	Française
Michel Brun	12 ans	Valence	Allemande
John Smith	13 ans	Francfort	Anglaise
Thierry Lepain	14 ans	Londres	Costaricaine
Marta Garcia		Liverpool	Japonaise
Laurence Blanc		Marseille	
Naomi Mitsouko		Lyon	
Eduardo Vargas		Kyoto	
Susan Mathews		San Jose	

Toi
IDENTITÉ
NOM :
AGE :
VILLE :
NATIONALITÉ :

Ton/Ta camarade
IDENTITÉ
NOM :
AGE :
VILLE :
NATIONALITÉ :

2 Pose des questions à ton/ta camarade pour découvrir : son nom, son âge, sa ville et sa nationalité.

Unité 1/page 12/Activité 9
Qui est-ce ?

1 Décris ta famille à ton/ta camarade. Il/elle la devine.

2 Écoute la description de la famille de ton/ta camarade et trouve les personnes qui la composent. De quelle famille il s'agit ?

Ta famille

? ? ?

EN TANDEM

ÉLÈVE B

Unité 2/page 24/Activité 8
Loisirs

1 Observe ton dessin et dis à ton/ta camarade ce que fait chacune de ces personnes.
Étienne regarde sa montre.

2 Écoute ton/ta camarade et note le prénom manquant des autres personnes. Qui sont Natacha, Martin, Grégory, Philippe et Amélie ?

Unité 3/page 39/Activité 6
La famille Trucmuche

Voici les membres de la famille Trucmuche : le grand-père, la grand-mère, le père, la mère, l'oncle, la tante, le fils, la fille et les cousines.

Pose des questions à ton/ta camarade pour savoir ce que chacun fait et à quel moment de la journée.

Quand ?	Qui ?	Quoi ?
À huit heures du matin	Le fils	Commencer les cours
Le soir	Le grand-père et la grand-mère	Jouer aux cartes
À quatre heures	La mère	
	Le père	Préparer le petit déjeuner
À midi	L'oncle	
L'après-midi	La fille	Aller à la bibliothèque
	La tante	Se lever pour manger
	Les cousines	Se coucher

Qui commence les cours à huit heures du matin ?
Est-ce que la mère joue aux cartes ?

Unité 4/page 51/Activité 5
La classe de Xavier

Pose des questions à ton/ta camarade pour retrouver les élèves de la classe. Utilise une question différente à chaque fois.
*Qui est **à côté de** Xavier ?*
*Qui est **devant** …, **derrière** …, **à droite de** …, **à gauche de** …*

Les élèves qui manquent sont : Geoffroy, Justine, Kévin, Matthieu, Florent.

Tableau
Bureau de la prof

Ingrid	Quentin	Éliette		Audrey	Martial
Virginie	Xavier	Maxime		Marina	Claire
Tanguy		Charlotte	Manon	Pierre-Yves	Ninon
Nicolas	Amandine	Alban	Bénédicte		Alexandre
	Solène	Agathe	Cyrille	Victor	Delphine

ÉLÈVE B

Unité 5/page 68/Activité 5
Qu'est-ce qu'elles ont fait ?

Patricia et Laurence ont passé une partie de la journée ensemble, mais elles n'ont pas fait exactement les mêmes choses.

1 Observe le contenu du sac de Laurence et imagine ce qu'elle a fait pendant sa journée.

Ensuite, à tour de rôle :
a. Réponds par « oui » ou « non » aux questions de ton/ta camarade sur la journée de Laurence.
b. Pose des questions à ton/ta camarade pour savoir ce que Patricia a fait et note tes réponses. Utilise les verbes suivants : *faire, visiter, voir, jouer, avoir un rendez-vous, écouter, prendre, acheter, nager, lire.*

2 Quelles sont les activités qu'elles ont faites ensemble ?

Unité 6/page 80/Activité 6
Les vacances arrivent !

Voici les projets de vacances de quatre jeunes Français.

1 Avec ton/ta camarade, à tour de rôle, posez-vous des questions et complétez vos tableaux.
Où est-ce qu'Antoine va passer les vacances ?
Est-ce que Jade va voyager en bateau ?

2 Qui a un mois de vacances ?

Nom	Antoine	Jade	Jean-Luc	Fabienne
Destination		Belgique	Japon	
Moyen de Transport	En voiture			En bateau
Date du départ			25 juillet	20 août
Séjour	Un mois		30 jours	
Logement		Chez ses cousins		Hôtel
Activités	Aller a la pêche		Rendre visite à des amis	
	Visiter le Mont Saint-Michel		Voir le volcan Fuji-Yama	

Précis GRAMMATICAL

Le groupe du nom

1 Les articles

	Masculin singulier	Féminin singulier	Pluriel
indéfinis	**un** livre	**une** classe	**des** livres / **des** classes
définis	**le** livre **l'**ami	**la** classe **l'**histoire	**les** livres / **les** classes **les** amis / **les** histoires
à + définis	**au** / **à l'**	**à la** / **à l'**	**aux** / **aux**
de + définis	**du** / **de l'**	**de la** / **de l'**	**des** / **des**

Exemples
Je vais **au** collège   Je vais **à la** piscine   Je fais **du** tennis   Je fais **de la** gym

2 Le nom

A. Mettre au féminin

	Masculin	Féminin
Normalement, on ajoute un « e » au masculin	un avocat	une avocat**e**
eur → euse eur → rice	un chant**eur** un direct**eur**	une chant**euse** une direct**rice**
Parfois, masculin et féminin sont identiques	un professeur	une professeur

Attention !   le père → la mère   le frère → la sœur

B. Mettre au pluriel

	Singulier	Pluriel
Normalement, on ajoute un « s »	un exercice	des exercices

Attention !   un jeu → des jeu**x**

3 L'adjectif qualificatif

A. Mettre au féminin

	Masculin	Féminin
Normalement, on ajoute un « e »	grand bleu	grand**e** bleu**e**
Si l'adjectif au masculin se termine par un « e », le féminin est identique	sympathique jeune	sympathique jeune
x → -sse s → -sse s → se	roux gros gris	rou**sse** gro**sse** gri**se**

Attention !   beau → belle   nouveau → nouvelle   châtain → châtain

PRÉCIS GRAMMATICAL

• **Les adjectifs et les noms de nationalité**

Attention !

Avec les nationalités on peut employer :
C'est un + nom masculin → C'est un Français.
C'est une + nom féminin → C'est une Française.
Ce sont des + nom pluriel → Ce sont des Français et des Françaises.

Il est + adjectif masculin → Il est français.
Elle est + nom féminin → Elle est française.
Ils sont + nom masculin pluriel → Ils sont français.
Elles sont + nom féminin pluriel → Elles sont françaises.

B. Mettre au pluriel

	Singulier	Pluriel
Normalement, on ajoute un « s »	grand grande	grands grandes

Attention ! beau → beau**x**   nouveau → nouveau**x**   marron → marron

4 Les adjectifs possessifs

	SINGULIER		PLURIEL	
	Masculin	**Féminin**		
Je	mon livre	ma cassette / mon amie	mes livres	mes cassettes
Tu	ton livre	ta cassette / ton amie	tes livres	tes cassettes
Il / Elle	son livre	sa cassette / son amie	ses livres	ses cassettes
Nous /on	notre livre	notre cassette	nos livres	nos cassettes
Vous	votre livre	votre cassette	vos livres	vos cassettes
Ils / Elles	leur livre	leur cassette	leurs livres	leurs cassettes

Attention ! On utilise **mon, ton** et **son** quand le nom féminin commence par une voyelle ou un « h » muet.

Le verbe

1 Les pronoms personnels

SINGULIER	
Les sujets	**Les réfléchis**
Je parle **J'**aime	Je **me** lave Je **m'**appelle
Tu parles	Tu **te** laves Tu **t'**appelles
Il parle	Il **se** lave Il **s'**appelle
Elle parle	Elle **se** lave Elle **s'**appelle
On parle	On **se** lave On **s'**appelle

PLURIEL	
Les sujets	**Les réfléchis**
Nous parlons	Nous **nous** lavons Nous **nous** appelons
Vous parlez	Vous **vous** lavez Vous **vous** appelez
Ils parlent	Ils **se** lavent Ils **s'**appellent
Elles parlent	Elles **se** lavent Elles **s'**appellent

• **Le pronom « on »**

Il se conjugue comme « il » ou « elle », mais il a le même sens que « nous ». « On » est plus familier que « nous ».

② Le présent

Pour les verbes en -ER (sauf *aller*), on ajoute les terminaisons au radical de l'infinitif :

	Terminaisons
J'aim	→ e
Tu aim	→ es
Il / Elle / On aim	→ e
Nous aim	→ ons
Vous aim	→ ez
Ils / Elles aim	→ ent

③ L'impératif

L'impératif a seulement trois formes. Elles correspondent à « tu », « nous » et « vous ». L'impératif a la même forme que le présent (sans les pronoms personnels) sauf pour les verbes en -ER.

Présent	Impératif
Tu chant**es**	Chant**e** !
Tu ne regard**es** pas	Ne regard**e** pas !

Attention ! Pour les verbes qui commencent par une voyelle ou un « h » muet, la négation se fait avec n'.
Exemple : **N'**écoute pas !

④ Le passé composé

A. Formation

Sujet + auxiliaire « avoir » au présent + participe passé

Exemples : J'ai vu un film.   Il a eu un accident.

B. Participe passé

Verbes en -ER	é	regarder → regardé visiter → visité	écouter → écouté
Autres verbes	i	finir → fini	dormir → dormi
	t	faire → fait	
	is	prendre → pris	
	u	avoir → eu	voir → vu

C. La négation

Au passé composé les deux marques de la négation encadrent l'auxiliaire.

Sujet + n' + auxiliaire « avoir » au présent + pas + participe passé

Attention ! Ne ... pas → n'... pas :
Exemples : Je **n'**ai **pas** mangé.
Vous **n'**avez **pas** compris ?

⑤ Le futur proche

Formation

Sujet + verbe *aller* (au présent) + infinitif

Exemple : Je vais déjeuner chez un copain.

6 Le présent progressif

Formation

> Sujet + verbe être (au présent) + en train de + infinitif

Exemple : Je suis en train de faire mes devoirs.

La phrase

1 La phrase négative

Quand le verbe commence par une consonne, on utilise **ne ... pas**.
Exemple : Je suis français. → *Je **ne** suis **pas** espagnol.*
Quand le verbe commence par une voyelle ou un « h » muet, on utilise **n'... pas**.
*Exemple : J'ai 12 ans, je **n'**ai **pas** 13 ans.*

2 La phrase interrogative

On peut exprimer l'interrogation par **l'intonation**.
Exemple : Tu vas au collège ?

On peut exprimer l'interrogation en utilisant la forme **est-ce que**.
*Exemple : **Est-ce que** tu vas au collège ?*

L'INTERROGATION PAR L'INTONATION	
	Qui parle ?
Tu vas en vacances **chez qui** ?	**Chez qui** tu vas en vacances ?
Tu vas **où** ?	**Où** tu vas ?
Tu t'appelles **comment** ?	**Comment** tu t'appelles ?
Vous êtes **combien** ?	**Combien** vous êtes ?
Vous partez **combien de temps** ?	**Combien de temps** vous partez ?
Il vient **quand** ?	**Quand** il vient ?
	Pourquoi tu ne viens pas ?

L'INTERROGATION AVEC « EST-CE QUE »
Où est-ce que tu vas ?
Comment est-ce que tu t'appelles ?

Attention !

	Masculin	Féminin
Singulier	**Quel** temps il fait ?	**Quelle** heure est-il ?
Pluriel	**Quels** sports tu pratiques ?	**Quelles** matières tu as le lundi ?

Attention !

Question	Réponse affirmative	négative
Forme affirmative : *Tu viens ?*	**Oui**, je viens !	**Non**, je ne viens pas !
Forme négative : *Tu **ne** viens **pas** ?*	**Si**, je viens !	**Non**, je ne viens pas !

La localisation

1 Dans l'espace

Où est la pharmacie ?	Elle / C'est **à côté de la** mairie.	Tu vas où ? Je vais **à** Montpellier.
	Devant la boulangerie.	**Ici** !
	Derrière le cinéma.	**Là, à côté** !
	À gauche du musée.	
	À droite de la bibliothèque.	
Tu vas où en vacances ?	**À la** montagne	
	À l'étranger…	
	Au bord de la mer	

Attention !

Avec les noms de pays et les noms de villes :

			Lieu où l'on est (Je suis/J'habite…) Lieu où l'on va (Je vais…)	Lieu d'où l'on vient (Je viens/Je rentre…)
Noms de pays	féminins (avec un -e final)	**la** France	**en** France	**de** France
	masculins	**le** Japon	**au** Japon	**du** Japon
	pluriels	**les** États-Unis	**aux** États-Unis	**des** États-Unis
Noms de villes		Paris	**à** Paris	**de** Paris

2 Dans le temps

Il est quelle heure ?
Il est deux heures / trois heures et quart / quatre heures et demie / cinq heures moins le quart / midi / minuit.

Quand ? Aujourd'hui, demain…   Maintenant, après
            Le matin, l'après-midi, le soir, à midi   Lundi, mardi…
            Le 10 mars   Dans trois jours, dans une semaine, dans deux mois…

C'est quand ton anniversaire ? C'est le 25 juillet !
Et les dates des vacances ? C'est du 30 juin au 1er septembre.

Pour énumérer : d'abord, après, ensuite, puis, finalement.

La conjugaison

PARLER
Je parle
Tu parles
Il / Elle parle
Nous parlons
Vous parlez
Ils / Elles parlent

AIMER
J'aime
Tu aimes
Il / Elle aime
Nous aimons
Vous aimez
Ils / Elles aiment

S'APPELER
Je m'appelle
Tu t'appelles
Il / Elle s'appelle
Nous nous appelons
Vous vous appelez
Ils / Elles s'appellent

SE LEVER
Je me lève
Tu te lèves
Il / Elle se lève
Nous nous levons
Vous vous levez
Ils / Elles se lèvent

AVOIR
J'ai
Tu as
Il / Elle a
Nous avons
Vous avez
Ils / Elles ont

ÊTRE
Je suis
Tu es
Il / Elle est
Nous sommes
Vous êtes
Ils / Elles sont

ALLER
Je vais
Tu vas
Il / Elle va
Nous allons
Vous allez
Ils / Elles vont

FAIRE
Je fais
Tu fais
Il / Elle fait
Nous faisons
Vous faites
Ils / Elles font

POUVOIR
Je peux
Tu peux
Il / Elle peut
Nous pouvons
Vous pouvez
Ils / Elles peuvent

VOULOIR
Je veux
Tu veux
Il / Elle veut
Nous voulons
Vous voulez
Ils / Elles veulent

PRENDRE
Je prends
Tu prends
Il / Elle prend
Nous prenons
Vous prenez
Ils / Elles prennent

VENIR
Je viens
Tu viens
Il / Elle vient
Nous venons
Vous venez
Ils / Elles viennent

SENTIR
Je sens
Tu sens
Il / Elle sent
Nous sentons
Vous sentez
Ils / Elles sentent

FINIR
Je finis
Tu finis
Il / Elle finit
Nous finissons
Vous finissez
Ils / Elles finissent

DORMIR
Je dors
Tu dors
Il / Elle dort
Nous dormons
Vous dormez
Ils / Elles dorment

SORTIR
Je sors
Tu sors
Il / Elle sort
Nous sortons
Vous sortez
Ils / Elles sortent

VOIR
Je vois
Tu vois
Il / Elle voit
Nous voyons
Vous voyez
Ils / Elles voient

LIRE
Je lis
Tu lis
Il / Elle lit
Nous lisons
Vous lisez
Ils / Elles lisent

CHOISIR
Je choisis
Tu choisis
Il / Elle choisit
Nous choisissons
Vous choisissez
Ils / Elles choisissent

SAVOIR
Je sais
Tu sais
Il / Elle sait
Nous savons
Vous savez
Ils / Elles savent

CONNAÎTRE
Je connais
Tu connais
Il / Elle connaît
Nous connaissons
Vous connaissez
Ils / Elles connaissent

CROIRE
Je crois
Tu crois
Il / Elle croit
Nous croyons
Vous croyez
Ils / Elles croient

DIRE
Je dis
Tu dis
Il / Elle dit
Nous disons
Vous dites
Ils / Elles disent

Les actes de parole

SALUER
Bonjour ! Salut !
Ça va ? → Ça va !
/ Ça va bien ! /
Très bien ! Et toi ?

SE PRÉSENTER
Je m'appelle..., je suis français(e),
j'habite..., j'ai 12 ans...
Je suis le frère de...

FAIRE RÉPÉTER / EXPRIMER L'ÉTONNEMENT
Comment ? Hein ?
Quoi ? Pardon ?
Qu'est-ce que tu dis ? Ah bon !

HÉSITER
Heu... ! Ben... ! Bon... !

EXPRIMER UN DÉSIR / UNE VOLONTÉ
Je veux...

PRENDRE CONGÉ
Au revoir ! Salut !
À demain ! À mercredi !
À tout à l'heure !

IDENTIFIER UNE CHOSE
Qu'est-ce que c'est ?
C'est un/e... C'est le/la... Ce sont des/les...
Voilà...

PROTESTER
Mais c'est pas vrai !
Il m'énerve !

DÉCRIRE UNE PERSONNE
Il est sympa ! Tu n'es pas sympa !
Elle est antipathique !
Il est brun, grand et mince.
Elle a les cheveux courts et les yeux bleus.

IDENTIFIER LES PERSONNES, PRÉSENTER QUELQU'UN
Qui est-ce ?
C'est mon prof de français.
Il s'appelle, il est professeur, il est allemand,
il habite..., il a 40 ans...

RASSURER
Ne t'en fais pas !

EXPRIMER SON ENNUI
J'en ai marre ! La galère !
Quelle galère !

DEMANDER À QUELQU'UN DE SE PRÉSENTER
Tu as quel âge ? / Vous avez quel âge ?
Quel âge est-ce que tu as ? / Quel âge est-ce que vous avez ?
Comment tu t'appelles ? / Comment est-ce que t'appelles ?
Comment vous vous appelez ? / Comment est-ce que vous vous appelez ?
Où tu habites ?
Où est-ce que tu habites ? / Où est-ce que vous habitez ?
Tu es français(e) ? / Vous êtes français(e)(s) ?

APPRÉCIER
J'adore.
J'aime beaucoup.
J'aime.
J'aime bien !
C'est super !
Génial !
C'est joli !
C'est beau !
Il est chouette ton collège !
C'est bien !
Ce n'est pas mal !

FAIRE UNE PROPOSITION
Qu'est-ce qu'on fait ?
On va... On fait... On regarde... On écoute... On joue...
On peut... Nous pouvons... Tu peux... ? Vous pouvez... ?
Tu veux... ? Vous voulez... ?
Tu viens... ? Vous venez... ?
Un tour à vélo, est-ce que c'est possible ?
S'il te plaît ! S'il vous plaît ?

EXPRIMER L'OBLIGATION
Il faut acheter du pain.
Il ne faut pas faire de bruit !
Écoute ! / Écoutez !
Descends ! / Descendez !
Viens ! / Venez !

REMERCIER
Merci !
Merci pour ton invitation !

DEMANDER L'OPINION
Tu aimes ça ?
Ça te dit ?
C'est bien ?

INDIQUER UN ITINÉRAIRE

Oui, bien sûr ! C'est facile ! Ce n'est pas loin ! C'est juste en face !
Oui, alors tu prends / prends / vous prenez / prenez à droite.
Tu tournes / Tourne / Vous tournez / Tournez dans la rue à gauche.
Tu vas / Va / Vous allez / Allez tout droit.
Tu traverses / Traverse / Vous traversez / Traversez la place.
Et c'est à droite !

ACCEPTER / EXPRIMER L'ACCORD

Oui !
D'accord !
OK !
Très bien !
Pourquoi pas !

Bien sûr !
Mais oui !
Super !
Bonne idée !

DIRE QU'ON N'AIME PAS

Je n'aime pas beaucoup.
Je n'aime pas.
Je déteste.
C'est nul !
C'est horrible !
L'horreur !

S'EXCUSER

Désolé(e) ! / Je suis désolé(e) !
Pardon !
Excuse-moi ! / Excusez-moi !

DONNER UN CONSEIL

Tu peux… / Vous pouvez…

REFUSER / EXPRIMER LE DÉSACCORD

Ah non !
Non, merci !
Je suis désolé(e) mais…
Je ne peux pas…
C'est impossible !
Il n'en est pas question !
Je n'ai pas envie !

ATTIRER L'ATTENTION

Écoute ! Dis donc !

EXPRIMER SA PRÉFÉRENCE

Je préfère…

DONNER UN ORDRE

Écoute ! Regarde ! Fais… ! Ne fais pas… ! Viens !
Écoutez ! Regardez ! Faites… ! Ne faites pas… ! Venez !

DEMANDER UN ITINÉRAIRE

S'il vous plaît, pour aller à la piscine municipale ?
S'il te plaît, tu sais où se trouve la mairie ?
Pardon Madame / Monsieur / Mademoiselle, est-ce qu'il y a un cinéma par là ?
Excusez-moi, Madame, vous savez où je peux trouver une boulangerie ?
Mademoiselle, la poste, c'est loin ?
Pardon, je veux aller à l'office du tourisme !

DEMANDER UNE EXPLICATION

Qu'est-ce que ça veut dire… ?

COMMUNIQUER AU TÉLÉPHONE

Allô ?
Allô !
Arnaud ? C'est Chloé !
Est-ce que Pierre est là, s'il vous/te plaît ?
Je peux parler avec Annie ?
C'est de la part de qui ?

Attends ne quitte pas ! /
Attendez, ne quittez pas !
Un instant, s'il te / vous plaît !
Désolé(e), mais Annie n'est pas là !
Je peux laisser un message ?
Merci, au revoir !

ÊTRE POLI

S'il vous plaît !   Pardon !
S'il te plaît !   Excusez-moi,…
Merci !   Excuse-moi…

SOLLICITER L'APPROBATION

D'accord ?
Hein ?
Tu piges ?

EXPRIMER DES SENSATIONS PHYSIQUES

J'ai chaud !
J'ai froid !
J'ai faim !
J'ai soif !
J'ai sommeil !

J'ai peur !
Je suis malade !
Je suis fatigué(e) !

DEMANDER / DONNER UNE EXPLICATION

Pourquoi… ? Parce que…

DICTIONNAIRE

FRANÇAIS	ANGLAIS	ALLEMAND	ESPAGNOL	PORTUGAIS	GREC
A					
accepter	to accept	annehmen	aceptar	aceitar	δέχομαι
acheter	to buy	kaufen	comprar	comprar	αγοράζω
ado (un / une)	teenager	Teenager	adolescente	adolescente	έφηβος
âge (l') [n.m.]	age	Alter	edad	idade	ηλικία
aider	to help	helfen	ayudar	ajudar	βοηθώ
aimer	to like / to love	lieben, / gern haben	gustar / amar	gostar de / amar	αγαπώ
aller	to go	gehen	ir	ir	πηγαίνω
allô ?	hello ?	Hallo	¿ diga ?	está ?	εμπρός
alors	then	also, dann	entonces	então	λοιπόν
ami / amie (un / une)	friend	Freund	amigo / amiga	amigo / amiga	φίλος,η
amuser (s')	to amuse oneself	vergnügen, sich	divertirse	divertir (-se)	διασκεδάζω
an (un)	year	Jahr	año	ano	έτος
anniversaire (un)	birthday	Geburtstag	cumpleaños	aniversário	γενέθλια
appartement (un)	flat	Wohnung	piso	apartamento	διαμέρισμα
appeler (s')	to call	heissen	llamar(se)	chamar(-se)	ονομάζομαι
après	after	nach	después	depois	έπειτα
après-midi (un)	afternoon	Nachmittag	una tarde	tarde	απόγευμα
arbre (un)	tree	Baum	árbol	árvore	δέντρο
argent (l') [n.m.]	money	Geld	dinero	dinheiro	χρήματα
arrêt d'autobus (un)	bus stop	Bushaltestelle	parada de autobús	paragem de autocarro	στάση
arriver	to arrive	ankommen	llegar	chegar	φτάνω
attendre	to wait	warten	esperar	esperar	περιμένω
aujourd'hui	today	heute	hoy	hoje	σήμερα
au revoir	goodbye	auf Wiedersehen	adiós / hasta luego	adeus	αντίο
aussi	also	auch	también	também	επίσης
autre (un / une)	other	andere	otro / otra	outro / outra	άλλο
avant	before	vor	antes	antes	πριν
avec	with	mit	con	com	με
avis (un)	opinion	Meinung	opinión	opinião	γνώμη
avoir	to have	haben	tener / haber	ter	έχω
B					
bagages (les) [n.m.pl.]	luggage	Gepäck	equipaje	bagagem	αποσκευές
baigner (se)	to bathe	baden	bañar(se)	banhar(-se)	κολυμπώ
ballon (un)	ball, balloon	Ball	balón / globo	bola	μπάλα
banlieue (une)	suburbs	Vorort	alrededores de una ciudad	subúrbio	προάστιο
banque (une)	bank	Bank	banco	banco	τράπεζα
barrer	to cross out, to close	versperren	tachar / obstruir	riscar / barrar	διαγράφω
bateau (un)	boat	Boot	barco	barco	καράβι
beau / belle	handsome / beautiful	schön	bonito, ta / guapo, pa	belo(a) / bonito(a)	όμορφος / όμορφη / όμορφ
beaucoup	a lot / many / much	viel	mucho(s) / mucha(s)	muito(s) / muita(s)	πολύ
bientôt	soon	bald	pronto	logo	σύντομα
bienvenue	welcome	Willkommen	bienvenida	boas vindas (as)	καλωσόρισμα
bilan (un)	assessment, balance sheet	Bilanz	balance	balanço	απολογισμός
bizarre	strange, bizarre	komisch	extraño(a) / raro(a)	bizarro / bizarra	παράξενο
blague (une)	joke	Witz, Spaß	chiste	anedota	ανέκδοτο
blanc / blanche	white	weiß	blanco,ca	branco / branca	λευκός / λευκή / λευκό
bleu / bleue	blue	blau	azul	azul	μπλε
blond / blonde	blond	blond	rubio / rubia	loiro / loira	ξανθός,ιά,ο
bon / bonne	good	gut	bueno / buena	bom / boa	καλός / καλή / καλό
bonjour	hello / good day	guten Tag, hallo	buenos días / hola	bom dia / boa tarde	καλημέρα
bouche (une)	mouth	Mund	boca	boca	στόμα

DICTIONNAIRE

FRANÇAIS	ANGLAIS	ALLEMAND	ESPAGNOL	PORTUGAIS	GREC
boulangerie (une)	bread shop	Bäckerei	panadería	padaria	φούρνος
boum (une)	party	Fete	fiesta	festa	πάρτι
bronzer	to get a suntan	bräunen	tomar el sol	bronzear	μαυρίζω
brouillard (le)	fog	Nebel	niebla	nevoeiro	ομίχλη
bruit (un)	noise	Geräusch	ruido	barulho	θόρυβος
brun / brune	brown	braun	moreno / morena	moreno(a)	μελαχρινός,η,ο
bulle (une)	bubble	Blase	burbuja / bocadillo	bolha / bola	φούσκα
bureau (un)	office / desk	Büro	despacho / oficina	escritório	γραφείο
bureau de tabac (un)	tobacconist's	Tabakladen	estanco	tabacaria	καπνοπωλείο

C

FRANÇAIS	ANGLAIS	ALLEMAND	ESPAGNOL	PORTUGAIS	GREC
ça	that	das	esto / eso	isto / isso	αυτό
cadeau (un)	gift	Geschenk	regalo	prenda	δώρο
cafèt (une)	cafeteria	Cafeteria	cafetería	cafetaria	καφετέρια
cahier (un)	exercise book	Heft	cuaderno	caderno	τετράδιο
camarade (un/une)	friend	Freund	compañero / compañera	colega (um / uma)	συμμαθητής / συμμαθήτρι
cantine (une)	canteen	Kantine	comedor de colegio	cantina	καντίνα
capable	capable	fähig	capaz	capaz	ικανός
car	for / because	denn	porque	pois	διότι
cartable (un)	satchel	Schultasche	cartera de los estudiantes	pasta escolar	σχολικό σακίδιο
casquette (une)	cap	Mütze	gorra	boné	κασκέτο
catastrophe (une)	catastrophe	Katastrophe	catástrofe	catástrofe	καταστροφή
certain / certaine	certain	sicher, bestimmt	cierto / cierta	certo / certa	σίγουρος,η,ο
chacun / chacune	each person / everyone	jede Person	cada uno,na	cada um(a)	καθένας,καθεμία,καθένα
chambre (une)	bedroom	Zimmer	dormitorio	quarto	δωμάτιο
chanson (une)	song	Lied, Song	canción	canção	τραγούδι
chanter	to sing	singen	cantar	cantar	τρια
chanteur / chanteuse	singer	Sängerin	cantante	cantor / cantora	τραγουδιστής / τραγουδίσ
chapeau (un)	hat	Hut	sombrero	chapéu	καπέλο
chaque	each	jeder	cada	cada	κάθε
châtain	chestnut brown	hellbraun	castaño / castaña	castanho / castanha	καστανός
château (un)	castle, château	Schloss	castillo	castelo	κάστρο
chaud (avoir)	to be warm / hot	warm	tener calor	calor (estar com...)	ζεσταίνομαι
chaussure (une)	shoe	Schuh	zapato	sapato	παπούτσι
cher / chère	expensive / dear	lieb, teuer	caro(a) / querido(a)	caro / cara	αγαπητέ / αγαπητή
chercher	to look for	suchen	buscar	buscar / procurar	αναζητώ
cheval (un)	horse	Pferd	caballo	cavalo	άλογο
cheveux (les) [n.m.pl.]	hair	Haare	pelo / cabello	cabelo	μαλλιά
chez	at (someone's house)	bei	a / en (casa de)	em casa de	εις
chose (une)	thing	Sache	cosa	coisa	αντικείμενο
chouette !	fantastic ! / wicked !	toll, klasse	¡ estupendo !	óptimo !	σπουδαία !
classe (une)	class	Klasse	clase / aula	classe / turma / aula	τάξη
classeur (un)	filing cabinet / file	Ordner	archivador	fichário	ντοσιέ
cocher	to tick	ankreuzen	marcar	marcar	αμαξάς
collégien / collégienne (un / une)	schoolboy	Gymnasiast/in	colegial,a	aluno / aluna	μαθητής / μαθήτρια
comme	as / like	wie	como	como	όπως
commencer	to begin	beginnen	comenzar	começar	αρχίζω
comment	how / what	wie, was	¿ cómo / cómo	como	πως
compléter	to complete	ausfüllen	completar	completar	συμπληρώνω
compter	to count	zählen	contar	contar	μετρώ
connaître	to know	kennen	conocer	conhecer	γνωρίζω
conseil (un)	council / advice	Rat	consejo	conselho	συμβουλή
console (une)	console	Konsole	consola	consola	κονσόλα
contraire (le)	opposite	Gegenteil	contrario	contrário	αντίθετο
cool	cool / relaxed	cool	cómodo(da) / distendido (da)	descontraído / descontraída	κουλ
copain / copine	friend	Freund	amigo / amiga	amigo / amiga /	φιλαράκος / φιλαράκι
corriger	to correct	korrigieren	corregir	corrigir	διορθώνω
côté (à ... de)	next to	neben	al lado de	lado (ao ... de)	δίπλα
coucher (se)	to go to bed	Bett gehen	acostar(se)	deitar(-se)	ξαπλώνω
couleur (une)	colour	Farbe	color	cor	χρώμα

DICTIONNAIRE

FRANÇAIS	ANGLAIS	ALLEMAND	ESPAGNOL	PORTUGAIS	GREC
L					
là	there	da	ahí / aquí	aqui / ali	εδώ
là-bas	over there	dort	allí	lá / acolá	εκεί
laisser	to leave	lassen	dejar	deixar	αφήνω
langue (une)	tongue / language	Sprache, Zunge	lengua / idioma	língua	γλώσσα
lecture (la)	reading / lecture	Lesen	lectura	leitura	ανάγνωση
lettre (une)	letter	Brief	carta	carta / letra	επιστολή
lever (se)	to get up	aufstehen	levantar (se)	levantar (-se)	σηκώνομαι
lieu (un)	place	Ort	lugar	lugar / sítio	τόπος
lire	to read	lesen	leer	ler	διαβάζω
lit (un)	bed	Bett	cama	cama	κρεβάτι
loin	far	weit	lejos	longe	μακριά
loisirs (les) [n.m.pl.]	leisure activities	Vergnügen	ocio	lazeres (os)	ελεύθερος χρόνος
lunettes (les) [n.f.pl.]	glasses	Brille	gafas	óculos	γυαλιά
M					
magasin (un)	shop / store	Geschäft	tienda	loja	κατάστημα
main (une)	hand	Hand	mano	mão	χέρι
maintenant	now	jetzt	ahora	agora	τώρα
mairie (une)	town hall	Rathaus, Stadtverwaltung	ayuntamiento	câmara municipal	δημαρχείο
mais	but	aber	pero	mas	αλλά
maison (une)	house	Haus	casa	casa	σπίτι
maman	mummy	Mama	mamá	mamã	μαμά
manger	to eat	essen	comer	comer	τρώω
mari (le)	husband	Ehemann	marido	marido	σύζυγος
mariage (un)	marriage / wedding	Hochzeit	boda / matrimonio	casamento	γάμος
marre (en avoir)	to be fed up	stinken (mir stinkt's)	estar harto / harta	farto / farta (estar... de)	βαρέθηκα
maths (les) [n.f.pl.]	maths	Mathe	matemáticas	matemática	μαθηματικά
matin (le)	morning	Morgen	por la mañana	manhã (de)	πρωί
mer (la)	sea	Meer	mar	mar	θάλασσα
merci	thank you	danke	gracias	obrigado / obrigada	ευχαριστώ
mère (une)	mother	Mutter	madre	mãe	μητέρα
météo (la)	weather	Wetter(vorhersage)	el tiempo	meteorologia	μετεωρολογία
mettre	to put	legen, stellen	poner	pôr	βάζω
midi	midday	Mittag	las doce del mediodía	meio-dia	μεσημέρι
mince	slim	dünn	delgado / delgada	delgado(a) / fino(a)	λεπτό
minuit	midnight	Mitternacht	las doce de la noche	meia-noite	μεσάνυκτα
moins	less	weniger	menos	menos	πλην
mois (un)	month	Monat	mes	mês	μήνας
monsieur (un)	sir / gentleman	Herr	señor	senhor	κύριος
montagne (une)	mountain	Berg, Gebirge	montaña	montanha	βουνό
monter	to climb up	besteigen	subir	subir	ανεβαίνω
montre (une)	watch	Uhr	reloj	relógio	ρολόι
montrer	to show	zeigen	mostrar / enseñar	mostrar	δείχνω
mot (un)	word	Wort	palabra	palavra	λέξη
moustache (une)	moustache	Schnurrbart	bigote	bigode	μουστάκι
musée (un)	museum	Museum	museo	museu	μουσείο
N					
nager	to swim	schwimmen	nadar	nadar	κολυμπώ
nationalité (la)	nationality	Staatsangehörigkeit	nacionalidad	nacionalidade	εθνικότητα
nature (la)	nature	Natur	naturaleza	natureza	φύση
neiger	to snow	schneien	nevar	nevar	χιονίζω
Noël	Christmas	Weihnachten	Navidad	Nata	Χριστούγεννα
nom (un)	name / noun	Name	apellido / sustantivo	apelido / substantivo	όνομα
nombre (un)	number	Zahl, Nummer	número	número	όχι
non	no	nein	no	não	αριθμός
nord (le)	north	Norden	norte	norte	βορράς
noter	to note	notieren	anotar	anotar	σημειώνω
nouveau / nouvelle	new	neu	nuevo / nueva	novo / nova	καινούριο / καινούρια
nuage (un)	cloud	Wolke	nube	nuvem	σύννεφο

DICTIONNAIRE

FRANÇAIS	ANGLAIS	ALLEMAND	ESPAGNOL	PORTUGAIS	GREC

O

œil (un)	eye	Auge	ojo	olho	μάτι
oie (une)	goose	Gans	oca	ganso	χήνα
ordinateur (un)	computer	Rechner	ordenador	computador	υπολογιστής
ordre (un)	order	Befehl	orden	ordem	εντολή
oreille (une)	ear	Ohr	oreja	orelha	αυτί
ou	or	oder	o bien	ou	οή
où	where	wo	¿ dónde / donde	onde / aonde	όπου
oui	yes	ja	sí	sim	ναι

P

papa	daddy	Papa	papá	papá	μπαμπά
par	by / through	von, durch	por	por	από
parce que	because	weil	porque	porque	γιατί
paresseux / paresseuse	lazy	faul	perezoso / perezosa	preguiçoso / preguiçosa	τεμπέλης / τεμπέλα
parfois	at times	manchmal	a veces	às vezes	ενίοτε
parler	to speak	sprechen	hablar	falar	μιλώ
partir	to leave	weggehen	irse	partir / ir embora	φεύγω
payer	to pay	bezahlen	pagar	pagar	πληρώνω
pendant	during	während	durante	durante	κατά
penser	think	denken	pensar	pensar	σκέπτομαι
perdre (se)	to lose	verlieren, sich	perder (se)	perder (-se)	χάνομαι
père (un)	father	Vater	padre	pai	πατέρας
petit / petite	small / low	klein	pequeño(ña) / bajo(ja)	pequeno(a) / baixo(a)	μικρός,η,ο
peu (un)	a little	ein wenig	un poco	pouco	λίγο
peur (avoir)	to be afraid	Angst haben	tener miedo	medo (estar com)	φοβάμαι
pharmacie (une)	chemist's / pharmacy	Apotheke	farmacia	farmácia	φαρμακείο
photo (une)	photo	Foto	foto	foto	φωτογραφία
phrase (une)	sentence, phrase	Satz	frase	frase	φράση
place (une)	place / square	Platz	sitio / plaza	sítio / praça	θέση
plage (une)	beach	Strand	playa	praia	παραλία
plaît (s'il vous) (s'il te)	please	bitte	por favor	favor (se faz)	σε (σας) παρακαλώ
plein / pleine	full	voll	lleno / llena	cheio / cheia	γεμάτο,η
pont (un)	bridge	Brücke	puente	ponte	γέφυρα
portable (un)	mobile phone	Handy	téléfono móvil	telemóvel	φορητό
porter	to carry / to wear	tragen	llevar	levar	φέρω
portrait (un)	portrait	Portrait	retrato	retrato	πορτραίτο
poser (une question)	to ask a question	fragen	hacer una pregunta	perguntar	θέτω
poste (la)	post office	Post	oficina de correos	correios	ταχυδρομείο
pour	for	für	para	para	για
pourquoi	why	warum	¿ por qué	porque	γιατί
pouvoir	to be able	können	poder	poder	ισχύ
préférer	to prefer	vorziehen	preferir	preferir	προτιμώ
premier / première	first	erste	primero / primera	primeiro / primeira	πρώτος / πρώτη / πρώτο
prendre	to take	nehmen	coger / tomar	tomar / pegar / levar	παίρνω
prénom (un)	first name	Vorname	nombre (de pila)	nome (de baptismo)	όνομα
présenter	to present	vorstellen	presentar	apresentar	παρουσιάζω
presque	almost	fast	casi	quase	σχεδόν
printemps (le)	spring	Frühling	primavera	primavera	άνοιξη
prochain / prochaine	next	nächste	próximo / próxima	próximo / próxima	επόμενος,η,ο
prof (un / une)	teacher	Lehrer	profe	professor / professora	δάσκαλος / δασκάλα
projet (un)	project	Projekt	proyecto	projecto	σχέδιο
proposer	to propose	vorschlagen	proponer	propor	προτείνω
puis	then	dann	luego	depois	έπειτα
puits (un)	well	Brunnen	pozo	poço	πηγάδι

Q

quai (un)	platform	Bahnsteig	andén	cais / plataforma	αποβάθρα
quartier (un)	district / neighbourhood	Viertel	barrio	bairro	συνοικία
quelqu'un	someone	jemand	alguien	alguém	κάποιος

FRANÇAIS	ANGLAIS	ALLEMAND	ESPAGNOL	PORTUGAIS	GREC
question (une)	question	Frage	pregunta / cuestión	pergunta / questão	ερώτηση
qui	who	wer	¿ quién / quien	quem	ποιος
quoi	what	was	qué	que / o que	τι

R

raconter	to tell / to relate	erzählen	contar	contar	αφηγούμαι
randonnée (une)	drive / ride / walk / ramble	Wanderung	excursión / senderismo	caminhada	εκδρομή
reconnaître	to recognize	erkennen	reconocer	reconhecer	αναγνωρίζω
refuser	to refuse	ablehnen	negarse / decir que no	recusar	αρνούμαι
regarder	to look at	betrachten, ansehen	mirar	olhar	κοιτώ
relier	to link together	verbinden	unir	unir / ligar	συνδέω
remettre	to put back	geben	volver a poner	repor / adiar / remeter	επανατοποθετώ
remplacer	to replace	ersetzen	reemplazar	substituir	αντικαθιστώ
rentrée (la)	start of new academic year	Schulanfang	vuelta a colegio	início das aulas	επάνοδος
rentrer	to return / go back	anfangen, hineingehen	volver / entrar	voltar / entrar / meter	γυρίζω
répondre	to answer	antworten	contestar	responder	απαντώ
repos (le)	rest	Ruhe	descanso	descanso	ανάπαυση
ressemblance (une)	resemblance	Ähnlichkeit	parecido	semelhança	ομοιότητα
rester	to remain	bleiben	quedarse	ficar	παραμένω
rêve (un)	dream	Traum	sueño	sonho	όνειρο
réveiller (se)	to wake up	aufwachen	despertar (se)	acordar (-se)	ξυπνώ
roman (un)	novel	Roman	novela	romance	μυθιστόρημα
roux / rousse	red (-haired)	rot(haarig)	pelirrojo / pelirroja	ruivo / ruiva	κοκκινομάλλης / κοκκινομάλλα
rue (une)	street	Straße	calle	rua	δρόμος

S

sac (un)	bag	Sack, Tasche	bolso	bolsa / saco	τσάντα
saison (une)	season	Jahreszeit	estación	estação	εποχή
salle (une)	room	Saal	sala	sala	αίθουσα
saluer	to greet	grüßen	saludar	cumprimentar	χαιρετώ
salut !	hi ! / bye !	Hallo!	¡ hola ! / ¡ hasta luego !	olá ! / adeus !	γεια!
sans	without	ohne	sin	sem	χωρίς
savoir	to know	wissen, können	saber	saber	γνωρίζω
scène (une)	scene	Szene	escena / escenario	cena / cenário	σκηνή
scolaire	school	Schul…	escolar	escolar	σχολικό
séjour (un)	stay / living room	Aufenthalt, Wohnzimmer	estancia	estada / residência	διαμονή
selon	according to	gemäß	según	segundo	σύμφωνα με
semaine (une)	week	Woche	semana	semana	εβδομάδα
semblable	similar	ähnlich	parecido,da	parecido / parecida	παρόμοιο
serveur / serveuse (un / une)	waiter / waitress	Bedienung	camarero / camarera	empregado / empregada	σερβιτόρος / σερβιτόρα
seul / seule	alone	allein	solo / sola	só	μόνος / η / ο
simple	simple	einfach	sencillo / sencilla	simples	απλό
sinon	if not	sonst	sino	senão	ειδάλλως
sœur (une)	sister	Schwester	hermana	irmã	αδελφή
soif (avoir)	to be thirsty	Durst	sed (tener)	sede (estar com)	διψώ
soir (un)	evening	Abend	noche / tarde	noite / tarde	βράδυ
soleil (le)	sun	Sonne	sol	sol	ήλιος
sommeil (le)	sleep	Schlaf, Müdigkeit	sueño	sono	ύπνος
sortir	to go out	ausgehen	salir	sair	βγαίνω
souligner	to underline	unterstreichen	subrayar	sublinhar	υπογραμμίζω
souvenir (un)	souvenir / memory	Erinnerung	recuerdo	lembrança	ανάμνηση
souvent	often	oft	a menudo	frequentemente	συχνά
stylo (un)	pen	Kuli	bolígrafo	caneta	στυλό
suivre	to follow	folgen	seguir	seguir	ακολουθώ
sur	on	auf	encima / sobre	sobre / em cima de	επάνω
sûr / sûre	sure / safe	sicher	seguro / segura	seguro(a) / certo(a)	σίγουρος,η,ο
sympa	friendly / nice	sympathisch, nett	simpático / simpática	simpático / simpática	σερφάρω
surfer	to surf	surfen	navegar por Internet	navegar (por Internet)	συμπαθητικό

DICTIONNAIRE

FRANÇAIS	ANGLAIS	ALLEMAND	ESPAGNOL	PORTUGAIS	GREC
T					
table (une)	table	Tisch	mesa	mesa	τραπέζι
tableau (un)	painting (black) board	Bild, Tafel	cuadro / pizarra	quadro	πίνακας
taille-crayon (un)	pencil-sharpener	Bleistiftspitzer	sacapuntas	apara-lápis	ξύστρα
tard	late	spät	tarde	tarde	αργά
temps (le)	time	Zeit	tiempo	tempo	χρόνος
tête (une)	head	Kopf	cabeza	cabeça	κεφάλι
timbre (un)	stamp	Briefmarke	sello	selo	γραμματόσημο
tôt	early, soon	früh	pronto/temprano	cedo	νωρίς
toujours	always	immer	siempre	sempre	πάντοτε
tout / toute	all	alle, ganz	todo / toda	todo / toda	όλο,η
train (un)	train	Zug	tren	comboio	τραίνο
travail (un)	work	Arbeit	trabajo	trabalho	εργασία
très	very	sehr	muy	muito (s) / muita(s)	πολύ
trousse (une)	case / kit	Mäppchen, kleine Tasche	estuche / neceser	estojo	κασετίνα
trouver	to find	finden	encontrar	achar / encontrar	βρίσκω
truc (un)	thing	Ding, Sache	chisme	coisa / truque	τέχνασμα
V					
vacances (les) [n.f.pl.]	holidays	Ferien	vacaciones	férias	διακοπές
vaisselle (faire la)	to do the washing up	Geschirr (spülen)	fregar los platos	loiça (lavar a)	πιάτα
valise (une)	suitcase	Koffer	maleta	mala	βαλίτσα
vélo (un)	bike	Rad	bici	bicicleta	ποδήλατο
verre (le)	glass	Glas	cristal	vidro / copo	ποτήρι
vers	towards	nach, zu	hacia	até / em direcção a	προς
vert / verte	green	grün	verde	verde	πράσινος / η / ο
ville (une)	town, city	Stadt	ciudad	cidade	πόλη
voilà	there is / there are	hier	ya está	aí está / eis aí	ορίστε
voir	to see	sehen	ver	ver	βλέπω
voiture (une)	car	Wagen	coche	carro	αυτοκίνητο
vouloir	to want	wollen	querer / desear	querer	θέλω
voyage (un)	journey	Reise	viaje	viagem	ταξίδι
vrai / vraie	true	echt, wirklich, wahr	verdadero / verdadera	verdadeiro / verdadeira	αληθινός,η
W					
week-end (un)	weekend	Wochenende	fin de semana	fim de semana	σαββατοκύριακο
Y					
yeux (les) [n.m.pl.]	eyes	Augen	ojos	olhos	μάτια

Intervenants : **couverture** : Sarbacane, **maquette** : Encore lui !, **mise en pages** : Encore lui ! (Mediamax pour le précis grammatical), **illustrations** : Juliette Boum Lévéjac, Bartholomé Séguí, **recherche iconographique** : Brigitte Hammond, **photogravure** : Encore lui !

Photos de couverture : Wartenberg / Hoaqui (œil) – Peisl / Photonica (main) – Lang / Photonica (bouche)

Crédit photographique : pp. 8-9 © Marco Polo / F. Bouillot – p. 10 © Marco Polo – p. 16 a © Labat / Jerrican – p. 16 b © Gable / Jerrican – p. 16 c © Labat / Jerrican – p. 16 d © Labat / Jerrican – pp. 20-21 © Marco Polo / F. Bouillot – p. 23 © Carrion / Archivo SM – p. 24 © Photolink – p. 29 a, b et c © Marco Polo – p. 28 a © Gable / Jerrican – p. 28 b © Gable / Jerrican – p. 28 c © Gable / Jerrican – p. 28 d © Labat / Jerrican – pp. 36-37 © Marco Polo / F. Bouillot – pp. 48-49 © Marco Polo / F. Bouillot – p. 57 © Lesbre – p. 57 © Office du tourisme de Nice – p. 57 © OBT – p. 60 droits réservés – p. 61 a Tourte et Petitin photographes – p. 61 b © Rocher / Jerrican – p. 61 c © Dufeu / Jerrican – p. 61 d © Charron / Jerrican – p. 61 e © Nicolas / Jerrican – pp. 64-65 Marco Polo / F. Bouillot – p. 66 © Office du tourisme d'Aigues Mortes, © Photothèque Hachette, © Kayak vert – p. 72 a © Darmon / Jerrican – p. 72 b- p. 72 c © Prod – p. 73 a © Nascimento / REA – p. 73 b © Labat / Jerrican – p. 73 c © Petit / Vandystadt – p. 73 d © Gable / Jerrican – p. 73 e © TF1 / Sipa / Sureau – pp. 76-77 Marco Polo / F. Bouillot – p. 80 © Renault / Gamma – p. 84 a © Gable / Jerrican – p. 84 b Baret / Rapho – p. 85 a © Lecourieux / Jerrican – p. 85 b Gaillard / Jerrican – p. 86 a Archivo SM – p. 88 a (arc de triomphe) © Incolor – p. 88 b © Aurel / Jerrican – p. 88 c © Gaillard / Jerrican – p. 89 a © Darque / Jerrican – p. 89 b (tour eiffel) Incolor – p. 89 c © Marco Polo.

Achevé d'imprimer en Italie par Rotolito
Dépôt légal 09/2010
Collection 40 - Édition 08
15/5231/4